성경이 이끄는 삶

성경이 이끄는 삶

초판 1쇄 인쇄 2013년 11월 25일
초판 1쇄 발행 2013년 11월 30일

지은이 김세민
펴낸이 金泰奉
펴낸곳 한솜미디어
등록 제5-213호

편집 박창서 김수정
마케팅 김명준
홍보 김태일

주소 143-200 서울 광진구 구의동 243-22
전화 (02)454-0492(代)
팩스 (02)454-0493
이메일 hansom@hansom.co.kr
홈페이지 www.hansom.co.kr

값 12,000원
ISBN 978-89-5959-376-7 (03230)

성경이 이끄는 삶

성경 일독을 위한 가이드 1100題

김세민 지음

한솜미디어

| 머 | 리 | 말 |

언제부턴가 한국교회의 영적 풍경에 변화가 일었습니다. 전통적인 영적 풍경을 떠올리며 오늘날 한국교회를 바라본다면 긍정적인 변화가 아니라는 사실을 알게 될 것입니다. 성경을 읽고 연구하고 교리를 배우는 전통적인 하나님 중심의 '교육 프로그램'보다는 각종 대회와 인간관계 프로그램과 같은 인간 중심의 '친교 프로그램'이 교회를 건강하게 하고 성장하게 한다는 생각이 들 정도로 교회의 영적 풍경이 크게 변한 것이 사실입니다.

한 가지 사례를 든다면 바로 '성경 퀴즈대회'입니다. 하나님의 말씀을 더 가까이 하라는 차원에서 성도들이 성경과 친숙해지도록 고무하기 위한 교회 또는 교회 내 여러 기관들의 배려였을 것이고 사역의 일부였을 것입니다. 그러나 본래 의도와는 다르게 TV방송이나 세상에서 하는 것과 같은 퀴즈대회 또는 서바이벌 게임이 되어버린 경우가 많습니다. 이는 성경을 오락의 도구로 사용한 것이며, 교회 내의 퀴즈대회 경우도 처음부터 오락이 목적은 아니었을지라도 결국에는 시합 또는 상품행사로 전락한 예라 할 수 있습니다.

위와 같은 예는 아니더라도 신학교나 기독교 관련 학교의 입시 준비를 위한 '성경 문제', 목사나 장로와 같은 직분자가 되기 위해 필수적으로 치르는 고시 준비용 '성경 문제'도 신중히 생각해 볼 문제입니다. 교단적으로 또는 교회적으로 사용해야 할 성경문제들이 책으로 출간되면서 그야말로 속된 표현으로 '따끈따끈한 자료'가 되는 경우도 많은 것이 사실입니다.

초대교회는 물론 종교개혁시대 이후로 참된 목회자들은 성경에 대한 부분적이고 단편적인 이해보다는 종합적이고 총체적인 이해를 위해 문답식 자료를 만들었고 교리를 가르쳤지만 지금 한국교회는 단편적인 성경지식을 얻기 위한 문제집이나 성경공부교재를 더 선호하고 있는 실정입니다. 이런 영적 풍경 속에서 필자 역시 또 하나의 성경문제집을 출간하는 일 때문에 상당히 고민하고 주저했습니다.

웨스트민스터 신앙문서(신앙 고백서 및 대·소요리 문답)와 하이델베르그 요리문답을 학습할 수 있도록 두 권의 교리 학습교재를 출간하게 되었지만 주변 사람들을 통해서 오늘날 한국교회 성도들이 교리에 대한 올바른 학습이 거의 부재한 상태라는 사실과 심지어는 성경을 1회 이상 정독조차 해보지 않은 성도들이 많다는 사실을 알게 되었습니다. 성경조차 읽어보지 못하고 성경의 기초적인 내용조차 모르는 상태에서 교리 교육은 결코 쉽지 않다는 생각을 하게 되었습니다.

이에 한국교회 성도들이 성경을 진지하고 성실하게 읽을 수 있도록 돕고, 개혁파 교회에서 가장 중요시 다루어져야 하는 성경을 대하는 자세를 바로 잡는 일에 보탬이 되고자 미약하지만 조심스럽게 '성경 문제'를 다룬 책을 출간하게 되었습니다. 그러나 기존 책들과는 달리 철저히 성경을 읽고, 묵상하고, 성경의 교훈에 따라 살아가도록 하기 위한 '읽기용' 문제를 실었습니다. 특히 52주에 걸쳐서 주별로 매일 정해진 대로 성경을 읽으면서 문제를 풀 수 있도록 구성했습니다. 그러므로 이 책의 집필 목적은 성경의 교훈대로 살도록 돕기 위한 작은 도구와 같은 역할을 하는 데 있습니다.

이 책은 결코 입시나 고시 준비 또는 성경 퀴즈대회를 위한 것이 아닙니다. 책 제목과 같이 '성경이 이끄는 삶'을 살도록 돕는 책입니다. 1년간 정독을 계획하고 중요한 구절들을 파악하고 대략적인 내용을 이해하고자 하는 독자 여러분에게 꼭 필요한 책이 될 것이라 믿습니다.

책에 실린 1,100개의 문제 중에 "잠 8~9장을 읽고 '지혜의 근본'과 '악을 미워하는 것'이 무엇인지 찾아 쓰시오"라는 문제가 있는데, 이에 대한 답은 '여호와를 경외하는 것'입니다. 1년간 성경을 읽고 문제를 풀어나가면서 지혜의 출발점이 '여호와를 경외하는 것'임을 알고, 또한 경외하는 하나님은 악을 용납하시지 않기 때문에 역시 악을 미워해야 한다는 교훈을 받게 될 것입니다.

이 책을 통해서 독자 여러분이 하나님의 말씀인 성경으로부터 참된 지혜와 지식을 얻어 하나님을 경외하게 됨으로써 악을 미워하며 살아가기를 소망합니다. '성경이 이끄는 삶'은 성경에서 하나님을 아는 지식을 얻고 성경이 금하는 악을 버리고 미워하며 악과 싸우는 '하나님을 경외하는 삶'을 의미합니다. '성경이 이끄는 삶'의 목적은 매일 성경을 읽고 묵상하며 하나님을 경외하는 삶을 살도록 돕는 것입니다.

김세민

| 차 | 례 |

성경 일독을 위한 가이드 1100題

성경 읽기표(1~26주)

주	일	월	화	수	목	금	토
1	창1-3	4-6	7-11	12-14	15-17	18-20	21-23
2	창24-26	27-29	30-33	34-37	38-40	41-43	44-46
3	창47-49	창50-출2	3-7	8-10	11-13	14-16	17-19
4	출20-22	23-25	26-30	31-33	34-36	37-39	40-레2
5	레3-5	6-8	9-11	12-14	15-17	18-20	21-23
6	레24-26	27-민2	3-6	7-9	10-12	13-15	16-19
7	민20-22	23-25	26-29	30-32	33-36	신1-4	5-8
8	신9-12	13-16	17-20	21-24	25-28	29-31	32-34
9	수1-3	4-6	7-10	11-14	15-17	18-20	21-23
10	수24-삿2	3-6	7-10	11-13	14-16	17-19	20-룻1
11	룻2-4	삼상1-3	4-7	8-11	12-14	15-17	18-20
12	삼상21-23	24-26	27-31	삼하1-3	4-6	7-9	10-12
13	삼하13-15	16-18	19-22	23-왕상2	3-5	6-8	9-11
14	왕상12-14	15-17	18-22	왕하1-3	4-6	7-9	10-12
15	왕하13-15	16-18	19-23	24-대상1	2-4	5-7	8-10
16	대상11-13	14-16	17-20	21-23	24-26	27-29	대하1-3
17	대하4-6	7-9	10-13	14-17	18-20	21-23	24-26
18	대하27-29	30-32	33-스1	2-4	5-7	스8-느2	3-5
19	느6-8	9-11	12-에3	4-6	7-9	10-욥2	3-5
20	욥6-8	9-11	12-15	16-19	20-22	23-25	26-28
21	욥29-31	32-34	35-38	39-41	42-시4	5-8	9-12
22	시13-16	17-19	20-25	26-28	29-31	32-34	35-37
23	시38-40	41-43	44-47	48-50	51-53	54-56	57-59
24	시60-63	64-66	67-71	72-74	75-77	78-80	81-82
25	시83-85	86-88	89-93	94-96	97-99	100-102	103-105
26	시106-108	109-111	112-118	119	120-122	123-125	126-128

성경 읽기표(27~52주)

주	일	월	화	수	목	금	토
27	시129-131	132-134	135-139	140-142	143-145	146-148	149-잠1
28	잠2-4	5-7	8-12	13-15	16-18	19-21	22-24
29	잠25-27	28-31	전1-5	6-8	9-11	12-아2	3-5
30	아6-8	사1-3	4-7	8-11	12-14	15-17	18-20
31	사21-23	24-26	27-31	32-34	35-37	38-40	41-43
32	사44-46	47-49	50-54	55-57	58-60	61-63	64-66
33	렘1-3	4-6	7-11	12-14	15-17	18-20	21-23
34	렘24-26	27-29	30-34	35-37	38-40	41-43	44-46
35	렘47-49	50-52	애1-5	겔1-3	4-6	7-9	10-12
36	겔13-15	16-18	19-23	24-26	27-29	30-32	33-35
37	겔36-38	39-41	42-46	47-단1	2-4	5-7	8-10
38	단11-호1	2-5	6-9	10-12	13-욜1	2-암1	2-6
39	암7-욘1	2-4	미1-5	6-나1	2-합1	2-습1	2-학2
40	슥1-3	4-7	8-11	12-14	말1-3	4-마2	3-5
41	마6-8	9-11	12-15	16-19	20-22	23-25	26-28
42	막1-3	4-6	7-10	11-14	15-눅1	2-4	5-7
43	눅8-10	11-13	14-17	18-21	22-24	요1-3	4-6
44	요7-9	10-12	13-16	17-20	21-행2	3-5	6-8
45	행9-11	12-14	15-17	18-20	21-23	24-26	27-롬1
46	롬2-4	5-7	8-12	13-15	16-고전2	3-5	6-8
47	고전9-11	12-14	15-고후1	2-4	5-7	8-10	11-13
48	갈1-3	4-6	엡1-5	6-빌2	3-골1	2-4	살전1-3
49	살전4-살후1	2-딤전1	2-6	딤후1-3	4-딛2	3-히1	2-4
50	히5-7	8-10	11-약2	3-5	벧전1-3	4-벧후1	벧후2-요일1
51	요일2-4	5-유1	계1-3	4-6	7-9	10-12	13-15
52	계16-18	19-20	21-22	종합문제1-5	종합문제6-10	종합문제11-15	종합문제16-20

제1주 (창세기 1~23)

〈창 1~3〉

1. 창 1장에서 7번이나 반복되는 말로 하나님이 기뻐하시고 만족해하시는 모습을 나타내는 말을 쓰시오.

2. 창 1장에서 하나님에 의해 지음 받은 남자와 여자에게 가장 먼저 무엇을 주셨는지 한 글자로 쓰시오.

3. 하나님이 보시기에 '심히' 좋았던 이유는 무엇입니까?
가) 안식하셨으므로
나) 지으신 모든 것을 보셨으므로
다) 사람을 창조하셨으므로
라) 환경이 깨끗하였으므로

4. 사람이 죽게 된 이유로 옳지 않은 것은 어느 것입니까?
가) 선악을 알게 하는 나무의 열매를 먹어서
나) 흙으로 지어졌기 때문에
다) 하나님의 말씀을 따르지 않아서
라) 뱀의 유혹을 받아서

5. 다음 말들은 누가 누구에게 한 것인지 써 넣으시오.
가) "하나님이 참으로 너희에게 동산 모든 나무의 열매를 먹지 말라 하시더냐" (　　　　→　　　　)
나) "네가 어디 있느냐" (　　　　→　　　　)
다) "뱀이 나를 꾀므로 내가 먹었나이다" (　　　　→　　　　)
라) "내가 너로 여자와 원수가 되게 하고 네 후손도 여자의 후손과 원수가 되게…" (　　　　→　　　　)

6. 사람이 선악을 알게 하는 나무의 열매를 먹게 된 결과로 옳지 않은 것 하나는 어느 것입니까?

가) 죽게 되어 흙으로 돌아가는 처지가 되었다.

나) 벌거벗어도 부끄럽지 않게 되었다.

다) 땅이 저주를 받게 되었다.

라) 하나님과 같이 선악을 알게 되었다.

마) 에덴동산에서 쫓겨났다.

〈창 4~6〉

7. 여호와께서 가인에게 하신 말씀이 아닌 것은 어느 것입니까?

가) "네가 분하여 함은 어찌됨이며"

나) "죄가 문에 엎드려 있느니라"

다) "죄가 너를 원하나 너는 죄를 다스릴지니라"

라) "가인을 위하여는 벌이 칠 배일진대 라멕을 위하여는 벌이 칠십칠 배이리로다"

8. 창 4장에 나타나는 살인자 두 사람은 누구와 누구입니까?

9. 하나님이 심판을 계획하신 이유가 아닌 것은 어느 것입니까?

가) 사람들의 죄악이 가득해서

나) 사람들의 생각과 계획이 악하기 때문에

다) 하나님의 아들들이 사람의 딸들을 아내로 삼아서

라) 사람들과 육축들이 너무 많아서

10. 노아에 대한 설명으로 옳지 않은 것은 어느 것입니까?

가) 노아를 위하여 방주를 만들었다.

나) 자녀들을 방주로 이끌지 못했다.

다) 하나님께 은혜를 입었다.

라) 의인이요 완전하고 하나님과 동행했다.

〈창 7~11〉

11. 홍수 심판에 대한 내용으로 옳지 않은 것은 어느 것입니까?
가) 40일간 낮에만 계속 비가 내렸다.
나) 물이 150일 동안 땅에 가득했다.
다) 노아의 방주 밖에 있는 모든 사람들과 동물들은 다 죽었다.
라) 노아와 그 아들들이 복을 받았다.

12. 노아와 관계가 먼 것은 어느 것입니까?
가) 셈, 함, 야벳
나) 무지개, 언약
다) 농업, 포도나무, 술
라) 969세, 살인, 저주

13. 창 11장의 바벨탑 사건에 관한 내용으로 틀린 것은 어느 것입니까?
가) 사람들이 성과 탑을 쌓아 하늘 꼭대기에 올라가서 하나님을 만났다.
나) 한 언어를 쓰는 한 족속이 한 곳에 머물러 한 성을 쌓았다.
다) 성읍을 쌓고 있는 중에 하나님이 내려오셨다.
라) 하나님이 언어를 혼잡하게 하시고 그들을 흩으셔서 그들은 성 쌓기를 중단했다.

〈창 12~14〉

14. 하나님이 아브람에게 하신 말씀이 아닌 것은 어느 것입니까?
가) "이 땅(가나안 땅)을 네 자손에게 주리라"
나) "네 아내가 여기 있으니 이제 데려가라"
다) "너는 복이 될지라"
라) "너를 축복하는 자에게는 내가 복을 내리고"

15. 아브람의 삶과 신앙으로 옳지 않은 것은 어느 것입니까?

가) 조카 롯에게 좋은 목초지를 양보했다.
나) 위험을 무릅쓰고 조카 롯을 구해냈다.
다) 여호와를 위해 단을 쌓았다.
라) 재물을 얻기 위해 수단과 방법을 가리지 않았다.

16. "천지의 주재시요 지극히 높으신 하나님"이라는 말을 하지 않은 사람은 누구입니까?
가) 아브람
나) 멜기세덱
다) 롯

〈창 15~17〉

17. 다음 괄호에 들어갈 말을 찾아 쓰시오.
"아브람이 여호와를 (   ) 여호와께서 이를 그의 의로 여기시고"

18. 창 15장에 여러 번(3회 이상) 나오는 말에 해당되지 않는 것은 어느 것입니까?
가) 쪼개다(쪼갠 등)
나) 상속자
다) 자손
라) 죄악
마) 땅

〈창 18~20〉

19. 다음은 누구의 행동입니까? (   )
– 하나님의 사자들에 대한 극진한 대접
– 다른 사람들을 위한 간절한 기도

– 자신을 티끌이나 재와 같은 존재로 낮추는 겸손

20. 창 20장에 나오는 아브라함에 대한 설명으로 옳지 않은 것은 어느 것입니까?
가) 아내를 늘 보호해 주는 남편
나) 선지자
다) 사라의 이복 오빠
라) 하나님을 두려워하는 자

〈창 21~23〉

21. 다음 중 아브라함이 한 말은 어느 것입니까?
가) "천하 만민이 복을 받으리니"
나) "번제할 어린 양은 어디 있나이까"
다) "내가 여기 있나이다"
라) "내가 이제야 네가 하나님을 경외하는 줄을 아노라"

제2주 (창세기 24~46)

〈창 24~26〉

1. 다음 중 성경 내용과 맞지 않는 것은 어느 것입니까?
가) 아브라함은 이삭에게 모든 소유를 주었고 서자들에게는 재물을 주었다.
나) 에서와 야곱은 태속에서부터 싸웠다.
다) 에돔은 이스마엘의 아들이다.
라) 에서는 장자의 명분을 야곱에게 팔았다.

2. “여호와께서 너와 함께 계심을 우리가 분명히 보았으므로”에서 ‘너’는 누구입니까?

3. 이삭이 농사를 지어서 100배를 얻게 된 근본적인 비결은 무엇입니까?

가) 우물을 잘 파서

나) 여호와께서 복을 주셔서

다) 이삭의 종들이 농사를 잘 지어서

라) 땅이 좋아서

〈창 27~29〉

4. 에서가 야곱을 죽이려고 결심하게 된 이유는 몇 장 몇 절에 있습니까?

5. ‘벧엘’과 관계가 먼 것은 어느 것입니까?

가) 하나님의 집

나) 여호와 닛시

다) 하늘의 문

라) 돌 베개

마) “내가 너와 함께 있어 네가 어디로 가든지 너를 지키며…”

6. 야곱에 대한 내용으로 옳지 않은 것은 어느 것입니까?

가) 야곱은 라헬을 사랑하여 7년을 수일처럼 여겼다.

나) 야곱은 레아와 첫날밤을 보냈다.

다) 야곱은 레아를 얻고 7일 후에 라헬을 또 얻었다.

라) 야곱은 라헬을 통해 먼저 자식을 낳았다.

〈창 30~33〉

7. 창 31장에서 하나님이 말씀하신 방법으로 옳지 않은 것은 어느 것입니까?

가) 야곱에게 직접 말씀하셨다.
나) 꿈에 하나님의 사자로 나타나 말씀하셨다.
다) 밤에 현몽하여 말씀하셨다.
라) 글을 보여주심으로써 말씀하셨다.

8. 창 31장에서 하나님의 나타나심에 대한 사실로 옳은 것은 어느 것입니까?

가) 야곱에게만 나타나셨다.
나) 라반에게만 나타나셨다.
다) 야곱과 라반 모두에게 나타나셨다.
라) 아무에게도 나타나지 않으셨다.

9. 야곱과 에서가 만났을 때 에서가 야곱을 죽이지 않고 화해의 눈물을 흘리며 뜨겁게 맞이하게 되었는데, 어떻게 이런 일이 가능하게 되었을까요? (호세아 12:3~4 참고)

가) 형 에서에게 일곱 번이나 공손히 절을 하여 마음을 누그러뜨렸기 때문에
나) 전날 밤 하나님께 울며 회개하고 간절히 기도했기 때문에
다) 많은 예물을 가져다주어서 형 에서가 흡족하게 되었기 때문에
라) 에서의 훌륭한 인격과 야곱의 처세술 때문에

〈창 34~37〉

10. 벧엘에 대한 내용으로 옳지 않은 것은 어느 것입니까?

가) 하나님께 단을 쌓은 곳
나) 가나안 땅에 속한 곳

다) 하나님이 야곱과 말씀하신 곳
라) 라헬이 장사된 곳

11. 요셉에 대한 내용으로 옳지 않은 것은 어느 것입니까?
가) 야곱이 노년에 얻은 아들이다.
나) 형들에 의해 죽을 뻔했다.
다) 르우벤은 요셉을 살리려 했다.
라) 야곱은 요셉으로 인해 슬펐지만 아들들이 많아서 위로가 되었다.

12. 창 37장의 내용을 통해 요셉 형들의 무정하고 잔인함을 엿볼 수 있습니다. 그런데 '무정하고 잔인함'과는 거리가 먼 것이 있는데 다음 중 어느 것입니까?
가) 물도 없는 구덩이 속에 요셉을 넣고 자기들은 앉아서 음식을 먹었음
나) 양을 치는 형들의 안부를 알려고 찾아간 요셉을 죽이기로 마음먹었음
다) 은 20개에 요셉을 애굽으로 가는 상인들에게 팔아버렸음
라) 르우벤과 유다의 본심

〈창 38~40〉

13. 다음 괄호에 들어갈 말을 찾아 쓰시오.
"유다의 장자 엘이 ( )가 보시기에 악하므로 여호와께서 그를 죽이신지라"

14. 요셉이 애굽에서 형통한 자가 된 이유는 무엇이라 생각합니까?
가) 두뇌가 명석하고 지혜로워서
나) 여호와께서 함께 하셔서
다) 친위대장의 보호와 도움을 받아서
라) 긍정적 사고방식을 가져서

15. 하나님이 애굽 사람 친위대장 보디발의 집에 복을 내리신 이유는 무엇입니까?

가) 그가 요셉을 잘 보호해서
나) 그가 하나님을 경외해서
다) 요셉을 위해서
라) 보디발이 복을 달라고 기도를 해서

〈창 41~43〉

16. 요셉의 해몽과 조언에 대한 반응으로 옳지 않은 것은 어느 것입니까?

가) 바로는 좋게 여기고 모든 신하는 좋지 않게 여겼다.
나) 바로와 모든 신하가 좋게 여겼다.
다) 바로가 요셉을 하나님의 영에 감동한 사람이라 추켜세웠다.
라) 바로가 요셉을 총리로 세우겠다고 했다.

17. 창 42장에 대한 내용으로 옳지 않은 것은 어느 것입니까?

가) 곡식을 사러 애굽에 온 형제들을 요셉은 알아보지 못했다.
나) 시므온이 볼모로 잡혔다.
다) 베냐민을 데려오라고 했다.
라) 야곱은 시므온과 베냐민까지 잃을까 걱정했다.

18. 요셉이 특별히 보고 싶어 했고, 가슴이 타서 눈물을 참을 수 없었으며, 음식을 다른 형제들보다 5배나 많이 준 동생의 이름은 무엇입니까?

19. 다음 중 야곱에 대한 내용으로 옳지 않은 것은 어느 것입니까?

가) 시므온이 볼모로 잡혔지만 구하러 가는 일을 허락하지 않았다.
나) 요셉을 잃고 나서 베냐민에 대한 애착이 강해졌다.
다) 유다의 희생적인 각오에 희망을 갖고 담대해졌다.

라) 결코 막내 베냐민을 보낼 수 없었다.

〈창 44~46〉

20. 요셉을 감동시켜 애굽 사람과 바로의 궁중에까지 들리도록 방성대곡을 하게 만들었고, 그리스도의 희생적 사랑을 보인 형제는 누구입니까?

21. 요셉의 신앙을 잘 표현해 주는 말과 거리가 먼 것은 어느 것입니까?
가) "하나님이 생명을 구원하시려고 나를 당신들보다 먼저 보내셨나이다"
나) "나를 이리로 보낸 이는 당신들이 아니요 하나님이시라"
다) "하나님이 나를 애굽 전국의 주로 세우셨으니"
라) "나 같은 사람이 점을 잘 치는 줄을 너희는 알지 못하였느냐"

제3주 (창세기 47~출애굽기 19)

〈창 47~49〉

1. 요셉과 바로와 야곱에 관한 내용으로 옳지 않은 것은 어느 것입니까?
가) 요셉은 바로에게 가족이 살 수 있도록 도움을 구했다.
나) 야곱은 바로를 축복했다.
다) 바로는 요셉의 청을 들어주었다.
라) 애굽은 번성하였으나 야곱 가족들은 더 이상 번성하지 못했다.

2. 다음 보기들은 무엇을 나타내고 있습니까?

– 영원한 소유
– 조상의 땅
– 라헬이 죽은 곳

3. 야곱이 특별히 축복한 두 아들은 누구와 누구입니까?

〈창 50~출 2〉

4. 요셉이 두 번이나 울었던 이유와 전혀 관계가 없는 것은 어느 것입니까?
가) 애굽에서 죽게 될 자신의 처지
나) 아버지 야곱의 죽음
다) 자신들의 죄를 용서해 달라고 한 형제들
라) 처참히 버림받은 자신을 통하여 형들에게 용서를 베푸시는 하나님의 사랑

5. 출 1장 내용으로 옳지 않은 것은 어느 것입니까?
가) 이스라엘 자손이 애굽 온 땅에 가득할 정도로 번성했다.
나) 이스라엘은 애굽 왕과 애굽에게 큰 위협이 되었다.
다) 애굽 왕은 히브리 사람들의 유아들을 모두 죽이라고 했다.
라) 히브리 산파들은 하나님을 경외하였기에 하나님이 베푸신 은혜를 입었다.

6. 모세에 대한 설명으로 옳지 않은 두 가지는 무엇입니까?
가) 레위 지파 출신이다.
나) 모세란 이름은 그의 어미가 지었다.
다) 장성하여 살인을 저지르게 되었다.
라) 어린 시절부터 성인이 될 때까지 세례 요한처럼 광야에서 살았다.

〈출 3~7〉

7. 하나님이 모세에게 이른 말이 아닌 것은 어느 것입니까?

가) "나는 네 조상의 하나님이니, 아브라함의 하나님, 이삭의 하나님, 야곱의 하나님이니라"
나) "내가 반드시 너와 함께 있으리라"
다) "그러나 그들이 나를 믿지 아니하며 내 말을 듣지 아니하고"
라) "나는 스스로 있는 자이니라"

8. 출 4장에 나타난 하나님에 대한 설명으로 옳지 않은 것은 어느 것입니까?

가) 모세가 말을 잘하도록 훈련하시는 하나님
나) 노를 발하시는 하나님
다) 모세를 죽이시려는 하나님
라) 즉석에서 기적을 보이시는 하나님

9. 다음은 누가 한 말인지 괄호 안에 써 넣으시오.

– "나는 여호와를 알지 못하니" (　　　　)
– "나는 입이 둔한 자니이다" (　　　　)

〈출 8~10〉

10. 출 8장에 대한 내용으로 옳지 않은 것은 어느 것입니까?

가) 이스라엘 백성이 하나님께 제사를 드리도록 모세에게 말하는 바로
나) 여호와께 기도하는 모세
다) 재앙을 보고 하나님의 권능이라고 하는 애굽의 요술사들
라) 바로에게 하나님의 백성을 내보내라고 하시는 하나님

11. 출 9장에 대한 내용으로 옳지 않은 것은 어느 것입니까?

가) 바로의 신하들 중 여호와를 두려워하는 자들이 있었다.

나) 바로는 자신과 백성이 모두 악하다고 인정했으나 곧 마음이 완악해졌다.

다) 하나님은 완악해진 바로를 통해서도 하나님의 능력과 이름을 나타내고자 하셨다.

라) 바로는 비와 우박과 우렛소리가 그치자 완악해진 마음을 고쳐 부드럽게 되었다.

12. 애굽에 3일간 흑암이 가득할 때 빛이 있었던 곳은 어디입니까?

〈출 11~13〉

13. 애굽에서 이스라엘 백성을 빼내실 때 하나님이 하신 일로 옳지 않은 것은 어느 것입니까?

가) 이스라엘 백성이 은, 금, 패물을 가지고 나오도록 행하셨다.

나) 이스라엘 짐승의 처음 난 것들을 죽게 하셨다.

다) 애굽 역사상 가장 큰 비극이 생기도록 하셨다.

라) 애굽의 모든 장자들을 죽게 하셨다.

14. 유월절 규례로 옳지 않은 것은 어느 것입니까?

가) 이스라엘 백성은 할례와 상관없이 의무적으로 유월절 음식을 먹어야 했다.

나) 원칙적으로 이방인은 유월절 음식을 먹을 수 없다.

다) 유월절 음식으로 양을 먹을 때 뼈를 꺾지 않았다.

라) 돈으로 산 종은 할례를 받은 후에 먹을 수 있었다.

마) 거류인과 타국 품군은 유월절 음식을 먹을 수 없었다.

바) 이방인이나 타국 품군의 경우 할례를 받으면 먹을 수 있었다.

15. 하나님이 이스라엘 백성에게 정해 주신 규례로 옳지 않은 것은 어느 것입니까?

가) 나귀의 첫 새끼는 어린 양으로 대속해야 한다.

나) 처음 난 것의 모든 수컷은 하나님의 것이다.
다) 아침까지 남은 유월절 음식은 이웃에게 주어야 한다.
라) 무교절 이레 동안 유교병은 먹지도 보지도 않아야 한다.

〈출 14~16〉

16. 출 14장에 나타나 있는 말이 아닌 것은 어느 것입니까?
가) "여호와께서 너희를 위하여 싸우시리니 너희는 가만히 있을지니라"
나) "여호와는 나의 힘이요 노래시며 나의 구원이시로다"
다) "애굽 사람을 섬기는 것이 광야에서 죽는 것보다 낫겠노라"
라) "애굽 사람들이 나를 여호와인 줄 알게 하리라"

17. 다음 괄호에 들어갈 말을 찾아 쓰고 하나님께서 어떤 목적에서 하신 말씀인지 선택지들 중 고르시오.
– "나는 너희를 (　　　　)하는 여호와임이라"
가) 이스라엘 백성이 긍정적인 생각과 강한 신념을 가지고 살도록
나) 하나님의 말씀과 계명에 순종하고 의롭게 살도록
다) 어떤 질병이든 기도하면 낳게 된다는 믿음을 가지도록
라) 하나님께서 치료의 능력도 가지고 계신다는 사실을 이스라엘 백성이 알도록

18. 만나에 대한 설명으로 옳지 않은 것은 어느 것입니까?
가) 하늘에서 비같이 내리는 양식
나) 이스라엘 백성이 수년 동안 만나를 먹었음
다) 안식일에는 내리지 않았음
라) 색깔은 희고 꿀을 섞은 과자 같은 것

〈출 17~19〉

19. 출 17장에 나타나는 중요한 말에 해당되지 않는 것은 어느 것입니

까?

가) 여호와 닛시

나) 증거판

다) 원망

라) 시험

20. 출 18장에 대한 내용으로 옳지 않은 것은 어느 것입니까?

가) 여호와가 이스라엘을 구원하셨다는 일을 장인에게 알리는 모세

나) 구원하신 여호와를 찬송하는 모세의 장인

다) 백성을 재판하는 최고 재판장에 오른 이드로

라) 고향으로 돌아가는 이드로

21. 다음 괄호에 들어갈 말을 찾아 쓰시오.

"(   )가 다 내게 속하였나니 너희가 내 (   )을 잘 듣고 내 (   )을 지키면 너희는 모든 민족 중에서 내 (   )가 되겠고 너희가 내게 대하여 (   ) 나라가 되며 거룩한 (   )이 되리라"

제4주 (출애굽기 20~레위기 2)

〈출 20~22〉

1. 하나님이 이스라엘 백성에게 임하신 이유로 옳지 않은 것은 어느 것입니까?

가) 시험하시려고

나) 복을 주시려고

다) 하나님을 경외하여 죄를 범치 않도록

라) 친히 우상을 제거하시려고

2. 반드시 사형당할 일이 아닌 것은 어느 것입니까?
가) 부모를 치거나 저주한 일
나) 사람을 납치한 일
다) 싸우다가 임신한 여인을 다쳐 낙태케 한 일
라) 받는 버릇이 있는 소에 대해 경고를 받고도 그 소를 단속치 못해서 사람을 받아 죽게 한 일

3. 출 22장에서 가장 많이 나오는 법은 어떤 법입니까?
가) 배상법
나) 결혼법
다) 가정법
라) 군사법

〈출 23~25〉

4. 이스라엘이 여호와를 바로 섬길 때 주어지는 것들로 옳지 않은 것은 어느 것입니까?
가) 질병 제거
나) 가나안과 애굽 땅
다) 양식과 물에 대한 복
라) 장수

5. 출 24장에 대한 내용으로 옳지 않은 것은 어느 것입니까?
가) 장로들은 존귀한 자들이었다.
나) 백성은 여호와의 영광을 보았다.
다) 모세가 청년들을 위해 번제를 드렸다.
라) 백성은 하나님의 말씀을 준행하겠다고 했다.

6. 순금으로 만든 것이 아니거나 순금으로 입혀진 것이 아닌 것은 어느 것입니까?

가) 증거판
나) 증거궤
다) 떡상
라) 등잔대
마) 속죄소
바) 숟가락
사) 불 똥 그릇

....
〈출 26~30〉

7. 다음 중 옳지 않은 내용은 어느 것입니까?
가) 성막은 모세가 산에서 본 그대로 지어야 함
나) 성막에 놋도 사용됨
다) 성막에 염소털을 사용 못함
라) 떡상과 등잔대는 마주 보도록 놓아야 함

8. 아침부터 저녁까지 제사장들이 항상 점검해야 하는 것은 무엇입니까?

9. 하나님이 모세에게 만나 주시겠다고 약속하신 곳은 어디입니까?
가) 분향단
나) 속죄소
다) 물두멍
라) 번제단

....
〈출 31~33〉

10. 출 31장에 나타난 하나님에 대한 설명으로 옳지 않은 것은 어느 것입니까?
가) 하나님의 일을 위해 필요한 자에게 하나님의 영으로 충만하게 하시

는 분
나) 안식일을 범한 자를 용서하시는 분
다) 지혜를 주시는 분
라) 거룩하게 하시는 분
마) 글자를 친히 쓰시는 분

11. 하나님이 기록하신 책에서 자신의 이름이 지워질 것까지 각오하면서 이스라엘을 위해 기도한 사람은 누구입니까?

12. 출 33장에 나타난 하나님의 말씀이 아닌 것은 어느 것입니까?
가) "내가 친히 가리라"
나) "내가 사자를 너보다 앞서 보내어…"
다) "너희를 젖과 꿀이 흐르는 땅에 이르게 하려니와…"
라) "나는 은혜 베풀 자에게 은혜를 베풀고 긍휼히 여길 자에게 긍휼을 베푸느니라"
마) "너는 내 얼굴을 볼 수 있을 것이다"

〈출 34~36〉

13. 다음 중 옳지 않은 것은 어느 것입니까?
가) 모세가 40일 주야를 금식한 후에 하나님이 함께 하셨다.
나) 모세가 40일 주야를 금식하는 동안 하나님이 함께 하셨다.
다) 모세 자신은 처음에 자기 얼굴에서 광채가 나는 것을 알지 못했다.
라) 모세가 십계명을 다시 받을 때 돌판 둘을 깎아서 하나님께로 들고 갔다.

14. 하나님이 충만하게 해주시는 것으로 35장에 나타나 있는 두 가지는 무엇입니까?

15. 성막을 짓는데 우선적으로 쓰임을 받는 사람과 거리가 먼 것은 어

느 것입니까?

가) 예물을 가장 많이 소유한 자

나) 성막 일에 필요한 은사를 받은 자

다) 여호와께 지혜를 얻은 자

라) 일이나 예물 바침을 자원하는 자

〈출 37~39〉

16. 언약궤에 대한 내용으로 옳지 않은 것은 어느 것입니까?

가) 조각목으로 만들었다.

나) 모세가 만들었다

다) 순금으로 안팎을 쌌다.

라) 멜 수 있도록 만들었다.

17. 성막에 관한 내용으로 옳지 않은 것은 어느 것입니까?

가) 번제단은 놋으로 싸서 만들었다.

나) 오홀리압이 브살렐을 도왔다.

다) 여인들은 회막 문에서 수종들 수 없었다.

라) 성막은 유다 지파 브살렐이 지었다.

18. 성막과 그 외에 필요한 것들을 모두 만들고 나서 이스라엘 자손을 축복한 사람은 누구입니까?

〈출 40~레 2〉

19. 출 40장에 대한 내용으로 옳지 않은 것은 어느 것입니까?

가) 새해 첫날에 성막을 세웠다.

나) 이스라엘이 나아가도록 밤에는 성막 위에 구름이 있었고, 그 구름 속에 불이 있었다.

다) 완성된 성막은 모세가 세웠다.

라) 등잔의 불은 아론이 켰다.

20. 레 1장 내용으로 옳지 않은 것은 어느 것입니까?
가) 번제는 화제였다.
나) 소의 번제는 수컷, 양의 번제는 암컷으로 드렸다.
다) 제물의 피는 단 사면에 뿌렸다.
라) 비둘기로도 번제를 드릴 수 있었다.

21. 소제에 대한 내용으로 옳지 않은 것은 어느 것입니까?
가) 피가 없는 제사다.
나) 소제물의 남은 것은 아론과 그 자손들이 취했다.
다) 첫 이삭은 소제로 쓰지 않았다.
라) 소금이 반드시 들어갔다.

제5주 (레위기 3~23)

〈레 3~5〉

1. 레 3장에 나오는 화목제에 대한 설명으로 옳은 것은 어느 것입니까?
가) 소의 수컷과 암컷은 흠이 있어도 모두 화목제로 드릴 수 있다.
나) 화목제로는 어린 양이 가장 좋다.
다) 어린 양과 염소의 화목제 방법은 똑같다.
라) 제사 후 피는 물론 기름도 먹을 수 없다.

2. 속죄 제물로 드릴 수 없는 것은 어느 것입니까?
가) 어린 양 암컷
나) 수송아지
다) 암송아지

라) 암염소
마) 숫염소
바) 비둘기
사) 곡식

3. 제사에 대한 설명 중 옳지 않은 것은 어느 것입니까?
가) 속죄제는 반드시 피 제사를 드려야 함
나) 속죄제는 드리는 자의 형편에 따라 드림
다) 속건제는 성물에 대해서 율법을 잘 모르고 지은 허물로 이를 용서받기 위한 제사임
라) 속건제는 범죄를 용서받기 위한 제사임

〈레 6~8〉

4. 속죄제 희생에 대한 설명 중 옳지 않은 것은 어느 것입니까?
가) 지극히 거룩하다.
나) 거룩한 곳에서 먹어야 한다.
다) 거룩한 토기에 삶고, 그 토기는 거룩히 보관해야 한다.
라) 고기를 취급하는 자도 거룩해야 한다.

5. 다음 중 하나님의 백성에서 제외되지 않는 사람은 어떤 사람입니까?
가) 화제로 드리는 희생의 기름을 먹은 자
나) 속죄제 희생을 먹은 제사장
다) 화목제 희생의 고기를 먹은 몸이 부정한 자
라) 피를 먹은 사람

6. 모세가 아론과 그 아들들에게 관유를 부어 거룩하게 하고 관을 씌워서 무슨 식을 준비하였습니까?

〈레 9~11〉

7. 레 9장에 2회 이상 나타난 단어들이 아닌 하나는 어느 것입니까?
가) 회막
나) 축복
다) 속죄제
라) 여호와의 영광
마) 규례

8. 제사장들이 죽게 되는 심판을 당하는 이유로 옳지 않은 것은 어느 것입니까? (레 8~10 참고)
가) 지정된 불이 아닌 다른 불로 분향할 경우
나) 제사 후 여호와의 영광이 나타나지 않을 경우
다) 회막에 들어갈 때 포도주나 독주를 마실 경우
라) 위임식 기간인 7일 동안에 한 번이라도 회막 문 밖으로 나갈 경우

9. 이스라엘 백성이 먹지 말아야 하는 것은 어느 것입니까?
가) 약대(낙타)
나) 송어
다) 귀뚜라미
라) 산비둘기

〈레 12~14〉

10. 여자 아이를 낳고 산혈이 깨끗해지려면 며칠이 지나야 합니까?

11. 나병을 제사장이 진찰하는 이유는 무엇입니까?
가) 부정한 병은 제사장이 정결하게 할 수 있으므로
나) 당시에 의사가 없었으므로
다) 여호와께서 모세와 아론에게 명하셨으므로

라) 제사장이 나이가 많고 학식이 풍부했으므로

12. 레 14장에 나오는 제사 이름이 아닌 것은 어느 것입니까?
가) 소제
나) 속죄제
다) 요제
라) 번제
마) 속건제
바) 화목제

....
〈레 15~17〉

13. 레 15장에서 나오는 단어가 아닌 것은 어느 것입니까?
가) 정결
나) 부정
다) 청결
라) 불결

14. 레 16장에 나오는 내용으로 옳지 않은 것은 어느 것입니까?
가) 아사셀을 위한 염소는 광야에서 제물로 드려진다.
나) 여호와를 위해 제비로 뽑힌 염소는 속죄제로 드려진다.
다) 속죄소는 하나님이 임재하시는 곳이다.
라) 이스라엘 자손의 죄를 위해 1년 1회 속죄를 한다.

15. 이스라엘 백성이 피를 먹지 말아야 하는 이유로 옳지 않은 것은 어느 것입니까?
가) 피가 육체의 생명이므로
나) 피가 죄를 속하므로
다) 피를 먹으면 몸에 해로워서
라) 하나님이 진노하시므로

〈레 18~20〉

16. 레 18장에 나오는 내용 중 '동성연애'에 대한 하나님의 말씀과 거리가 먼 것은 어느 것입니까?

가) 가증한 일
나) 더럽고 형벌을 받을 일
다) 이스라엘 백성이 따라서는 안 될 풍속
라) 이스라엘 외에는 용납되는 일

17. 이스라엘 백성이 하지 말아야 할 일을 모두 고르시오.

가) 주문을 외우고 점치는 일
나) 문신(몸에 무늬를 놓는 일)
다) 딸을 기생으로 만드는 일
라) 무당을 믿고 추종하는 일
마) 마음속으로 사람을 미워하는 일
바) 이삭을 모두 줍는 일
사) 함께 사는 거류민을 사랑하는 일
아) 원수를 갚는 일

18. 레 20장의 내용으로 볼 때 하나님이 이스라엘 백성에게 근본적으로 원하시는 것으로 가장 합당한 것은 어느 것입니까?

가) 성(性)의 절제
나) 거룩한 삶
다) 남녀의 성 차이 인식
라) 가정교육

〈레 21~23〉

19. 제사장에 대한 설명으로 옳지 않은 것은 어느 것입니까?

가) 백성의 어른

나) 대제사장은 머리를 풀면 안 됨
다) 결혼은 처녀만 가능하고 기생은 취할 수 있음
라) 시체를 가까이 해서는 안 됨

20. 레 22장에 대한 내용으로 옳은 설명은 어느 것입니까?
가) 암소나 암양을 잡을 때 어미와 새끼를 같은 날 잡아야 한다.
나) 희생제물은 당일 날 먹되 남은 것은 다음 날까지 먹어야 한다.
다) 몸이 부정한 자는 성물을 먹어서는 안 된다.
라) 제사장의 딸이 외국인(이방인)과 결혼하기도 했다.

21. 레 23장에 나오는 절기와 날짜(유대력)가 잘못 짝지어진 것은 어느 것입니까?
가) 7월 15일 : 초막절
나) 7월 10일 : 속죄일
다) 7월 1일 : 나팔절
라) 5월 10일 : 오순절
마) 1월 14일 : 유월절
바) 1월 15일 : 무교절

제6주 (레위기 24~민수기 19)

〈레 24~26〉

1. 레 24장에 나타나는 말이 아닌 것은 어느 것입니까?
가) 순결한 상
나) 순결한 기름
다) 순결한 떡
라) 순결한 등잔대

2. 다음 짝지어진 것들 중 바르지 않은 것은 어느 것입니까?
가) 이스라엘 자손 : 하나님의 종
나) 토지 : 하나님의 것
다) 제7년 : 안식
라) 희년 : 제49년~50년

3. 다음 괄호에 공통으로 들어갈 말을 찾아 쓰시오.
"내가 야곱과 맺은 내 (　　)과 이삭과 맺은 내 (　　)을 기억하며 아브라함과 맺은 내 (　　)을 기억하고 그 땅을 기억하리라"

〈레 27~민 2〉

4. 다음 보기들이 무엇을 의미하는지 27장에서 찾아 다섯 글자로 쓰시오.
– 서원한 사람의 값(은 오십 세겔)
– 가축 중의 처음 난 것
– 땅의 십분의 일
– 소나 양의 십분의 일

5. 레위 지파를 제외한 이스라엘 백성 중에서 20세 이상으로 전투 가능한 남자의 총 수를 민 1장에서 찾아 쓰시오.

6. 다음 중 진영의 방향과 지파가 옳지 않은 것은 어느 것입니까?
가) 북편 : 단, 아셀, 요셉
나) 남편 : 갓, 시므온, 르우벤
다) 서편 : 베냐민, 므낫세, 에브라임
라) 동편 : 유다, 잇사갈, 스불론

....
〈민 3~6〉

7. 다음 중 서로 잘못 짝지어진 것은 어느 것입니까?
가) 생후 1개월 이상의 모든 레위 지파 남자들 수 : 22,000명
나) 생후 1개월 이상의 모든 처음 난 남녀들의 수 : 22,273명
다) 처음 난 자들의 대속을 위해 부족한 레위인의 수 : 273명
라) 레위인으로 대속하지 못한 처음 난 자 1명에 필요한 속전 : 5세겔

8. 다음 중 회막에서 봉사할 레위인에 대한 내용으로 옳지 않은 것은 어느 것입니까?
가) 30~50세
나) 8,580명
다) 성막의 등잔불 정리
라) 고핫 자손, 게르손 자손, 므라리 자손

9. 나실인에 대한 설명으로 옳지 않은 것은 어느 것입니까?
가) 평생 포도주를 마실 수 없다.
나) 남녀 모두 나실인의 서원을 할 수 있다.
다) 구별하는 동안 시체를 가까이 하면 머리털을 밀어야 한다.
라) 구별한 후에는 머리털을 밀어야 한다.

....
〈민 7~9〉

10. 증거궤 위에 있는 속죄소 위의 두 그룹 사이에서 말씀하시는 하나님의 목소리를 들은 사람은 누구입니까?

11. 다음 내용에 해당되는 사람들은 어떤 사람들입니까?
– 전신(온몸)을 삭도로 깨끗하게 밀어야 하는 사람들
– 여호와께 봉사할 자들
– 25세부터 봉사를 할 수 있는 자들(새로운 규정)

12. 민 9장에 대한 내용으로 옳지 않은 것은 어느 것입니까?

가) 유월절은 첫째 달 14일 해 질 무렵에 시작되었다.

나) 성막을 세운 날 구름이 성막을 덮었다.

다) 성막을 덮은 구름이 위로 떠오르면 이스라엘 백성은 행진했다.

라) 이스라엘과 함께 사는 타국인은 유월절을 절대 지킬 수 없었다.

〈민 10~12〉

13. 민 10장에 나오는 단어가 아닌 것은 어느 것입니까?

가) 쉴 곳

나) 은 나팔

다) 금 나팔

라) 복

14. 민 11장에 나타난 이스라엘의 문제가 아닌 것은 어느 것입니까?

가) 백성을 이끄는 데 한계를 느낀 모세는 죽음을 은혜로 여길 정도였다.

나) 메추라기를 너무 먹어서 죽은 사람들도 많았다.

다) 여호와 하나님이 들으시기에 악한 말로 원망을 했다.

라) 이스라엘 중에 섞여 사는 무리가 탐욕을 품게 되어 온 백성이 소란을 일으키게 되었다.

마) 사람들이 기력(정력)이 약해졌다고 불평했다.

15. 민 12장에 나오는 모세에 대한 설명으로 옳지 않은 것은 어느 것입니까?

가) 여호와의 충성된 종 모세를 비방한 아론과 미리암 중 미리암만 나병에 걸렸다.

나) 하나님은 모세가 세상에서 가장 온유하다고 말씀하셨다.

다) 모세가 아론에게 미리암을 위해 기도하라고 명했다.

라) 구스 여자를 취한 일로 아론과 미리암의 비방을 받았다.

〈민 13~15〉

16. 정탐에 대한 내용으로 옳은 것은 어느 것입니까?
가) 40일간 가나안 땅과 애굽 땅을 정탐했다.
나) 정탐자들의 수는 지파당 2명씩 모두 24명이었다.
다) 정탐한 땅이 젖과 꿀이 흐르는 땅이라고 한 사람은 여호수아와 갈렙 뿐이었다.
라) 정탐자들은 정탐한 땅의 실과를 가져오라는 명령을 받았다.

17. 민 14장에 나타난 이스라엘 백성의 죄가 아닌 것은 어느 것입니까?
가) 그들은 하나님을 원망했다.
나) 그들은 믿음이 없었다.
다) 그들은 지도자인 모세와 아론을 원망했다.
라) 그들은 40년 광야생활을 원했다.

18. 돌로 쳐 죽임을 당한 사람은 누구입니까?

〈민 16~19〉

19. 당을 지어 모세를 거스른 결과로 옳지 않은 것은 어느 것입니까?
가) 염병으로 14,700명이 죽었음
나) 땅이 갈라져 고라의 자손들과 물건들을 모두 삼켰음
다) 분향하는 250명의 사람이 죽었음
라) 아론도 염병에 걸렸으나 치료받았음

20. 하나님이 아론의 지팡이에 싹이 나고 열매가 맺게 되는 기적을 보여 주시고 증거궤 앞에 두라고 하신 이유가 아닌 것은 어느 것입니까?
가) 패역한 자에 대한 표징을 삼기 위해서
나) 백성으로부터 아론을 보호하기 위해서
다) 하나님에 대한 원망을 더 이상 하지 않도록

라) 원망의 죄를 범해 심판받아 죽는 일이 없도록 하기 위해서

21. 다음 괄호에 들어갈 말을 민 18~19장에서 찾아 쓰시오.
– "내가 이스라엘의 (   )를 레위 자손에게 기업으로 다 주어서 그들이 하는 일 곧 회막에서 하는 일을 갚나니"
– "사람의 시체를 만진 자는 (   ) 동안 부정하리니"

제7주 (민수기 20~신명기 8)

〈민 20~22〉

1. 무엇이 없어서 이스라엘 백성 1세대가 약속의 땅에 들어가지 못하게 되었는지 가장 근본적인 것 하나를 고르시오.
가) 마실 물
나) 파종할 땅, 무화과, 포도, 석류
다) 모세와 아론의 믿음과 백성의 순종
라) 길을 막은 에돔 왕의 허락

2. 민 21장의 내용으로 보아 모세가 한 일로 옳지 않은 것은 어느 것입니까?
가) 바산 왕 옥과 아모리 왕 시혼을 물리쳤다.
나) 원망하는 백성을 하나님이 불뱀으로 벌하셨을 때 그들을 위해 기도했다.
다) 아모리인을 몰아내기 전 정탐군 야셀을 보냈다.
라) 살아 있는 불뱀을 장대 위에 달아서 그것을 본 자들이 살도록 했다.

3. 민 22장에 나타난 하나님의 말씀이 전혀 아닌 것은 어느 것입니까?
가) "그 백성을 저주하지도 말라 그들은 복을 받은 자들이니라"

나) “나를 위하여 이 백성을 저주하라”
다) “내가 네게 이르는 말만 준행할지니라”
라) “무엇을 하였기에 나를 이같이 세 번을 때리느냐”

〈민 23~25〉

4. “하나님은 사람이 아니시니 거짓말을 하지 않으시고 인생이 아니시니 후회가 없으시도다 어찌 그 말씀하신 바를 행하지 않으시며 하신 말씀을 실행하지 않으시랴”는 누가 누구에게 한 말입니까?

5. 민 23~24장에 나타난 발람에 대한 내용으로 옳지 않은 것은 어느 것입니까?
가) 은과 금을 가득 채워서 준다면 하나님의 말씀을 어길 수 있다고 말했다.
나) 하나님의 영이 그 위에 임하셨다.
다) 이스라엘 백성을 네 번이나 축복했다.
라) 야곱에게서 주권자(메시야)가 나올 것이라고 예언했다.

6. 이스라엘 백성에게 새로운 일들이 생겼는데 민 25장에 나타나지 않는 것은 어느 것입니까?
가) 하나님과 똑같이 질투의 심정을 가진 제사장이 나오게 되었다.
나) 백성이 모압 여자들과 음행을 시작했다.
다) 처음으로 하나님이 이스라엘에 대해 심판을 시작하셨다.
라) 이스라엘 일부가 바알브올을 섬기기 시작했다.

〈민 26~29〉

7. 출애굽 1세대로 처음부터 끝까지 하나님에 대한 믿음을 지켜서 광야에서 살아남은 두 사람의 이름을 쓰시오.

8. 다음 중 이스라엘 사람이 죽을 때 그 죽은 사람의 기업을 이어받는 순서로 옳은 것은 어느 것입니까?
가) 아들 → 형제 → 딸 → 삼촌 → 사촌
나) 아들 → 딸 → 형제 → 삼촌 → 사촌
다) 형제 → 아들 → 딸 → 삼촌 → 사촌
라) 형제 → 아들 → 딸 → 처부모 → 삼촌

9. 민 28~29장에 대한 내용으로 옳지 않은 것은 어느 것입니까?
가) 7월에는 약 1/3 이상(10일 이상)을 아무 노동도 할 수 없었다.
나) 어떤 제물이든 그 위에 독주(독한 술)를 부어서는 안 되었다.
다) 일 년 된 흠 없는 숫양을 매일 둘씩 하나님께 화제로 드렸다.
라) 장엄한 대회는 초막절(7월 15일)로부터 여덟째 날이었다.

〈민 30~32〉

10. 서원과 서약에 대한 설명 중 옳지 않은 것은 어느 것입니까?
가) 서원은 하나님께 하는 맹세이다.
나) 서약은 스스로 하는 절제와 금욕과 같은 다짐이기도 하고 사람들과 하는 약속이기도 하다.
다) 서원은 반드시 지켜야 하지만 서약은 그렇지 않다.
라) 서원과 서약 모두 지켜야 한다.

11. 이스라엘이 미디안 남자들을 모두 죽이고 다섯 왕을 죽였을 때 전에 이스라엘을 축복했던 예언자 발람까지 칼로 죽인 이유는 무엇입니까?
가) 미디안 남자들을 죽이다가 모르고 실수로
나) 미디안 남자들은 모두 죽여야 했으므로
다) 발람이 이스라엘에 대항해서 맹렬히 싸워서
라) 발람은 이스라엘로 하여금 바알브올을 섬겨 영적 간음을 하게 한 장본인이므로

12. 민 32장에서 모세가 화를 낸 이유로 옳지 않은 것은 어느 것입니까?
가) 많은 가축에 필요한 우리와 유아들을 보호하기 위한 성읍을 짓겠다고 말한 지파들 때문에
나) 40년 광야생활을 하게 된 벌을 일부 백성의 불순종으로 인해 또다시 받게 될 것 같아서
다) 요단을 건너지 않고 적당한 곳에 자리 잡고 살겠다는 두 지파의 자손들 때문에
라) 약속의 땅을 얻기 위한 거룩한 싸움에서 빠지려는 갓 자손과 르우벤 자손 때문에

〈민 33~36〉

13. 민 33장에 대한 내용으로 옳지 않은 것은 어느 것입니까?
가) 출애굽은 라암셋에서 시작했다.
나) 가나안 땅에 들어가서 모든 우상과 산당을 부수고 파괴하도록 명을 받았다.
다) 가나안 땅에 거하는 원주민을 살려둘 경우에는 이스라엘의 고통거리가 될 것이다.
라) 아론은 죽을 장소를 찾기 위해 스스로 호르산에 올라갔다.

14. 민 34장은 하나님이 이스라엘에게 무엇을 주시는 것에 대한 것인지 두 글자로 쓰시오.

15. 고의가 아닌 과실로(부지중에) 살인을 하게 된 사람들을 특별히 보호하시려고 하나님이 허락하신 성읍을 무엇이라 하는지 세 글자로 쓰시오.

〈신명기 1~4〉

16. 가나안 땅에 들어가게 될 사람들로 옳지 않은 사람들은 누구입니까?

가) 선악을 분별하지 못하던 자녀들

나) 여호수아와 갈렙

다) 출애굽 제2세대

라) 야곱의 열두 아들들

17. 다음 괄호 안에 각각 들어갈 하나님에 대한 수식어를 신 4장에서 찾아 쓰시오.

– '여호와는 (　　　　　) 불'

– '여호와는 (　　　　　) 하나님'

– '여호와는 (　　　　　) 하나님'

18. 다음 중 옳지 않은 내용은 어느 것입니까?

가) 재판은 하나님께 속한 것이다.

나) 모세는 모압 땅에서 율법을 설명했다.

다) 이스라엘이 바산 왕 옥을 칠 때 모든 성읍 60개를 빼앗았다.

라) 하나님은 모압을 쳐서 땅을 빼앗으라 하셨다.

마) 모세는 여호와가 주시는 땅을 '그 아름다운 땅'이라 묘사했다.

〈신 5~8〉

19. 하나님이 안식을 명하신 이유가 무엇인지 신 5장에서 찾아 쓰시오. 또한 출 20장 8~11절에서는 왜 안식을 명하셨는지 찾아 쓰시오.

20. 이스라엘이 듣고 새겨야 할 가장 첫째 되는 말씀을 신 6장에서 한 절만 찾아 쓰시오.

21. 모세는 이스라엘 백성이 가나안 땅에서 하나님을 잊어버릴 만한 이유를 거듭 강조해서 말했는데, 나중에 말한 것은 자신의 능력과 노력으로 재물을 얻었다고 생각하는 마음이었습니다. 먼저 말한 것은 어떤 마음인지 두 글자로 찾아 쓰시오.

제8주 (신명기 9~34)

〈신 9~12〉

1. 모세가 처음 십계명을 받으려고 할 때부터 다시 십계명을 받아 내려오기까지 몇 번의 40일 금식 기도를 했습니까? (출24:18, 34:28 참고)

가) 1회
나) 2회
다) 3회
라) 4회

2. 하나님이 이스라엘 백성을 복의 땅 가나안으로 인도하신 이유로 전혀 옳지 않은 것은 어느 것입니까?

가) 이스라엘 백성이 의롭고 정직하고 항상 하나님의 말씀에 순종해서
나) 아브라함과 이삭과 야곱에게 하신 언약을 이루시려고
다) 악한 가나안 거민들을 쫓아내는 것과 이스라엘 열조에게 하신 맹세를 동시에 이루시려고
라) 여호와를 경외하도록 만민 중에서 택하셨기 때문에

3. 모세가 가나안 땅 입성을 앞두고 있는 이스라엘 백성 앞에(앞길, 삶 또는 인생에) 무엇과 무엇을 둔다고 하였습니까?

〈신 13~16〉

4. 지상 만민 중에 여호와의 성민으로 택함 받은 이스라엘의 삶으로 거리가 먼 것은 어느 것입니까?

가) 매년 토지 소산의 십일조를 드리는 일
나) 우상을 두지 않고 하나님 말씀을 지키는 일
다) 하나님 여호와 경외하기를 항상 배우는 일
라) 모든 음식을 가리지 않고 골고루 먹는 일

5. 아끼는 마음 없이 구제하는 자에게 하나님은 무엇을 주신다고 하셨습니까?

6. 이스라엘이 3대 절기를 맞아 하나님께 예물을 드릴 때 어떻게 드려야 했습니까?

가) 개인별로 모두 똑같이
나) 여호와께서 주신 복을 따라
다) 하나님이 정하신 규례대로
라) 가족의 수에 따라 다르게

〈신 17~20〉

7. 하나님은 미리 백성이 왕을 필요로 할 것을 아시고 규례를 정하셨는데, 다음 중 왕이 반드시 지켜야 할 사항으로 옳지 않은 것은 어느 것입니까?

가) 율법서를 등사하여 옆에 두어서 평생 읽고 하나님 경외하기를 배울 것
나) 말(馬)을 많이 두지 말 것
다) 은과 금을 국고에 많이 쌓지 말 것
라) 아내를 많이 두지 말 것

8. "네 하나님 여호와께서 너희 가운데 네 형제 중에서 나와 같은 선지자 하나를 일으키시리니 너희는 그의 말을 들을지니라"에서 '나와 같은 선지자'와 '그'는 누구를 말하는지 요한복음 1장을 참고하여 찾아 쓰시오.

9. 가나안 땅을 차지할 때 이스라엘이 해야 하는 일로 옳지 않은 것은 어느 것입니까?

가) 기업으로 주시는 땅 안에 사는 모든 사람들을 다 죽여야 한다.

나) 가나안 땅에 속하지 않는 족속들의 성읍에 사는 사람들은 남자들만 죽여도 된다.

다) 기업으로 주시는 땅 안에 사는 사람들 중 여자들과 유아는 취할 수 있다.

라) 가나안 땅에 속하지 않는 족속들의 성읍을 칠 때는 먼저 화평을 선언해야 한다.

〈신 21~24〉

10. 다음 괄호에 들어갈 말을 찾아 쓰시오.

– "나무에 달린 자는 하나님께 (　　　　　　)를 받았음이니라"

– "너희 가운데에서 (　　　　　　)을 제할지니라"

11. 신 23장에 6회나 나오는 "여호와의 총회에 들어오지…"라는 말에서 '여호와의 총회'와 관계가 먼 것은 어느 것입니까?

가) 이스라엘 백성

나) 거룩한 공동체

다) 가나안 땅의 모든 사람들

라) 하나님의 선택을 받은 자들

12. 신 24장에 나오는 것으로써 이스라엘이 기억해야 할 일로 옳지 않은 것은 어느 것입니까?

가) 이스라엘이 애굽 땅에서 종 되었던 것
나) 하나님이 애굽에서 이스라엘을 속량하신 것
다) 하나님이 미리암에게 행하신 일
라) 이스라엘이 금송아지를 만든 일

〈신 25~28〉

13. 언약의 땅에서 하나님이 이스라엘에게 주실 가장 크고 중요한 두 가지 은혜는 무엇입니까?
가) 안식과 복
나) 젖과 꿀
다) 토지와 자손
라) 왕과 군대

14. 신 27~28장에 반복적으로 강조되는 것에 해당되지 않는 것은 어느 것입니까?
가) 아멘
나) 복
다) 저주
라) 제사
마) 여호와의 말씀(명령)

15. 하나님의 말씀을 지키지 아니하고 그를 경외하지 않아서 받게 되는 결과로 옳지 않은 것을 신 28장을 읽고 다음 중에서 찾으시오.
가) 땅 이 끝에서 저 끝까지 만민 중에 흩어질 것이다.
나) 율법 책에 기록되지 않은 모든 질병과 재앙을 멸망하기까지 받을 것이다.
다) 하늘의 별 같은 백성의 수가 단 한 명도 남지 않게 될 것이다.
라) 다른 나라로 끌려가서 목석으로 만든 신들을 섬기게 될 것이다.

⟨신 29~31⟩

16. 무엇을 지키면 이스라엘 백성이 하는 모든 일이 형통할 것이라고 했는지 정확히 찾아 다섯 글자로 쓰시오.

17. 모세가 이스라엘에게 하나님의 말씀을 전하면서 그들 앞에 두었다는 네 가지를 신 30장에서 찾아 쓰시오.

18. 모세가 여호수아에게 전한 말로 옳지 않은 것은 어느 것입니까?
가) "하나님이 앞서 행하신다"
나) "하나님이 그 땅을 얻게 하신다"
다) "하나님이 함께 하신다"
라) "하나님이 버리지 아니하신다"

⟨신 32~34⟩

19. 신 32장 '모세의 노래' 속에서 하나님으로 비유되지 않는 것 하나는 무엇입니까?
가) 아버지
나) 그들의 반석
다) 독수리
라) 우리의 반석

20. 모세가 죽기 전에 축복할 때 이스라엘을 왜 행복한 사람이라고 했는지 가장 정확한 답을 고르시오.
가) 가나안 땅을 차지하게 되어서
나) 하나님의 기적을 체험해서
다) 하나님으로부터 구원을 받아서
라) 자손을 많이 얻게 되어서

21. 신 34장에 대한 내용으로 옳지 않은 것들 두 가지를 고르시오.
가) 모세는 가나안 땅을 보지 못했다.
나) 모세는 120세에 죽었고 백성은 30일간 애곡했다.
다) 모세와 같은 특별한 선지자가 이스라엘에 더 이상 없었다.
라) 모세가 여호수아에게 안수했을 때 모세에게 지혜의 영이 충만했다.

제9주 (여호수아 1~23)

〈수 1~3〉

1. 하나님이 여호수아에게 하신 말씀이 아닌 것은 어느 것입니까?
가) "너희의 처자와 가축은 모세가 너희에게 준 요단 이쪽 땅에 머무르려니와…"
나) "네 평생에 너를 능히 대적할 자가 없으리니"
다) "내가 너를 떠나지 아니하며 버리지 아니하리니"
라) "강하고 담대하라 두려워하지 말며 놀라지 말라"
마) "이 율법책을 네 입에서 떠나지 말게 하며 주야로 그것을 묵상하여…"

2. 다음 중 기생 라합과 정탐꾼에 대한 내용으로 옳은 것 두 가지를 고르시오.
가) 라합은 정탐꾼이 무서워 숨겨주었다.
나) 라합은 정탐꾼을 통해 하나님과 이스라엘에 대한 소문을 듣게 되었다.
다) 정탐꾼과 라합은 여리고 사람들이 간담이 녹고 정신을 잃을 정도로 두려워 떨고 있음을 보았다.
라) 하나님은 라합을 통해 정탐꾼을 보호하셨고, 정탐꾼을 통해 라합 가족을 구원하셨다.

3. 요단을 건넌 사실에 대한 다음 내용 중 옳은 것은 어느 것입니까? (3~4장 참고)

가) 언약궤를 멘 제사장들이 요단을 먼저 건넜고 그 후에 백성이 여호수아와 함께 뒤따라 건넜다.

나) 백성이 다 건넌 후에 강에 남아 있던 여호수아에게 백성이 올라오라고 소리치자 여호수아는 맨 나중에 건넜다.

다) 모든 백성이 요단을 건널 때 언약궤를 멘 제사장들은 강에서 나오지 못하는 희생을 당했다.

라) 백성이 먼저 건넜지만 그중에서도 르우벤 자손과 갓 자손과 므낫세 반 지파 4만 명 정도가 백성 앞에 건넜다.

〈수 4~6〉

4. 길갈에 세워진 열두 돌의 의미로 거리가 먼 것은 어느 것입니까?

가) 하나님으로 인해 이스라엘 백성이 마른 땅을 밟고 요단 강을 건넜음

나) 이스라엘 열두 지파를 요단 주변에 알리기 위한 기념물

다) 요단을 건너게 하신 하나님을 이스라엘 자손들이 기억할 수 있도록 만든 기념물

라) 요단 강물이 여호와의 언약궤 앞에서 끊어져 이스라엘이 강을 건넜음

5. 요단을 건넌 후에 일어난 일이 아닌 것은 어느 것입니까?

가) 광야생활을 하는 동안 할례를 못 받았던 사람들이 즉시 할례를 받았다.

나) 요단 서편의 모든 왕들과 거민들이 두려워 떨기 시작했다.

다) 요단 강이 완전히 말라버렸다.

라) 만나가 그쳤다.

6. 여리고 성을 무너뜨리는 하나님의 방법에 대한 설명으로 가장 알맞은 것은 어느 것입니까?

가) 하나님은 이스라엘이 가장 쉽게 성을 무너뜨리도록 하셨다.
나) 상식적으로 볼 때 가장 따르기 힘든 방법이지만 믿음과 순종이 요구되는 방법이다.
다) 가나안 땅에서 전쟁을 계속 치러야 하는 이스라엘의 체력이 소진되지 않도록 배려한 것이다.
라) 여리고 성에 사는 라합과 그 가족을 전쟁으로부터 보호하기 위한 방법이다.

〈수 7~10〉

7. 수 7장이 주는 교훈으로 옳지 않은 것은 어느 것입니까?
가) 하나님께 바쳐진 물건은 개인의 이익을 위해 쓸 수 없다.
나) 한 사람의 욕심이 많은 희생을 낳을 수 있다.
다) 제비뽑기는 지금도 하나님의 뜻을 아는 좋은 방법이다.
라) 사람의 눈은 속여도 하나님의 눈은 속일 수 없다.
마) 담대하고 강한 믿음을 가진 여호수아 같은 사람도 절망할 수 있다.

8. 수 8~9장에 나타난 여호수아가 한 일들로 옳지 않은 것은 어느 것입니까?
가) 아이성을 진멸했다.
나) 하나님께 단을 쌓고 제사를 드렸다.
다) 율법을 돌에 기록했다.
라) 여호수아를 속인 기브온 사람들을 모두 죽였다.

9. 다음 괄호에 들어갈 말을 찾아 쓰시오.
"이스라엘의 하나님 여호와께서 이스라엘을 위하여 (   ) 여호수아가 이 모든 왕들과 그들의 땅을 단번에 빼앗으니라"

〈수 11~14〉

10. 수 11~12장을 통해 알 수 있는 내용으로 옳지 않은 것은 어느 것입니까?

가) 가나안 온 땅을 차지했으나 작은 전쟁은 그치지 않았다.

나) 지파대로 기업으로 줄 온 땅을 나누고 나서 더 이상 전쟁이 없었다.

다) 가나안 성읍들의 사람들이 이스라엘과 맞서서 죽게 된 것은 하나님의 심판이었다.

라) 산지, 평지, 저지대(아라바), 경사지, 광야 등의 온 땅을 기업으로 얻었다.

11. 수 13장을 읽고 다음 보기들이 옳으면 'O'를 틀리면 'X'를 표시하시오.

– 가나안 땅에는 아직도 구석구석 차지해야 할 땅이 많았다. (　　)

– 이스라엘은 마침내 그 땅의 모든 거민을 쫓아냈다. (　　)

– 레위 지파에게는 기업이 주어지지 않았다. (　　)

12. 40세부터 85세까지 영적으로나 육적으로 강건함을 유지해 왔고, 가장 치기 어려운 성읍들, 거인들이 살고 있었던 곳, 그리고 아직 누구도 정복하지 못한 곳을 믿음으로 정복한 사람은 누구입니까?

〈수 15~17〉

13. 예루살렘에 살고 있었던 여부스 사람들을 쫓아내지 못해서 그들과 함께 살았던 지파는 어느 지파입니까?

14. 자손들은 많고 땅은 넉넉하지 않아 불평을 했고, 여호수아로부터 산지와 같은 땅이라도 스스로 개척을 해서 살도록 명령을 받은 자손들은 야곱의 열두 아들들 중 누구의 자손들입니까?

15. 전쟁에서 공을 세워 갈렙의 딸 악사를 아내로 얻은 사람은 누구입니까?

....
〈수 18~20〉

16. 레위 사람들에 대한 설명으로 옳지 않는 것은 어느 것입니까?
가) 제사장 직분 자체가 그들의 기업이다.
나) 원칙적으로 땅으로 얻는 기업이 없다.
다) 성막이 세워지는 장소가 그들의 기업이다.

17. 다음 내용 중 옳지 않은 것은 어느 것입니까?
가) 여호수아에게는 제비뽑기가 아닌 그가 원하는 대로 기업이 주어졌다.
나) 지파들의 기업은 제비를 뽑아 나누었다.
다) 여호수아 혼자 제비뽑기를 했다.

18. 다음 성읍들의 공통점은 무엇입니까?
– 게데스, 세겜, 헤브론, 베셀, 길르앗 라못, 바산 골란

....
〈수 21~23〉

19. 비록 기업으로 땅을 얻지는 못하지만 기거할 곳과 가축 먹일 장소로 성읍들을 달라고 해서 48개의 성읍들을 얻은 사람들은 어떤 사람들입니까?

20. 가나안 정복과 기업 나누는 일이 끝나고 가나안 땅이 아닌 요단 동편의 땅으로 가서 먼저 얻은 자신들의 기업으로 돌아간 지파들에 대한 내용으로 옳지 않은 것은 어느 것입니까?
가) 르우벤, 갓, 므낫세 반 지파
나) 요단 동편에서 거주하는 일은 하나님을 떠나는 일과 같았음

다) 가나안 경계 밖에 살게 된 것에 대해 후손들이 분명히 알도록 증거를 남겼음

라) 그들을 진멸하려던 타 지파들은 단을 세운 그들의 목적을 알고서 하나님을 찬송함

21. 수 23장에 나오는 여호수아의 말이 아닌 것은 어느 것입니까?

가) "여호와 그는 너희를 위하여 싸우신 이시니라"

나) "율법책에 기록된 것을 다 지켜 행하라 그것을 떠나 우로나 좌로나 치우치지 말라"

다) "너희의 하나님 여호와를 사랑하라"

라) "이 아름다운 땅에서 너희가 결코 멸망하지 않으리라"

제10주 (여호수아 24~룻기 1)

〈수 24~삿 2〉

1. 다음 보기들을 통해서 여호수아가 이스라엘 백성에게 요구한 것은 무엇입니까?

- 강 저편과 이편
- 데라와 아브라함
- 애굽과 가나안(약속의 땅)
- 이방신들과 여호와

가) 땅의 선택

나) 생활방식의 선택

다) 신앙의 선택

라) 법과 도덕의 선택

2. 삿 1장의 내용으로 보아 다음 중 옳지 않은 것은 어느 것입니까? (수 15:63; 18:28; 21:10~13 참고)

가) 겐 사람이었던 모세의 장인 자손들도 유다 지파의 기업 일부를 얻어

거주했다.

나) 유다와 베냐민 지파는 경계인 예루살렘에 사는 여부스 사람을 쫓아내지 못했다.

다) 유다 지파가 이기지 못한 헤브론을 갈렙이 쳐서 얻었고 그 후에도 갈렙의 땅이 되었다.

라) 헤브론은 레위 자손 중 일부도 가졌고, 그중 도피성은 아론의 자손에게 주어졌다.

마) 갈렙은 승리를 거둔 헤브론에서 밭과 촌락만을 얻게 되었다.

3. 삿 2장의 내용으로 보아 이스라엘에 다음과 같은 큰 문제들이 생겼고, 그들에게 부족한 것 또는 없었던 것을 알 수 있는데, 보기들 중에서 거리가 먼 것은 어느 것입니까?

– 가나안 땅의 거민들과 언약을 맺음은 물론 우상을 섬기는 그들의 단도 헐지 않았다.

– 가나안 땅에 들어와 태어난 세대들이 하나님을 알지 못했다.

– 바알과 아스다롯 등과 같은 우상을 섬겼다.

– 사사를 통해 이스라엘을 구원하실 때만 하나님을 잠시 의지했다.

가) 모세와 여호수아 같은 영적 지도자

나) 자녀들에 대한 신앙교육

다) 여호와에 대한 변함없는 신앙

라) 이스라엘을 향한 하나님의 능력

〈삿 3~6〉

4. 삿 3장에 대한 내용으로 옳지 않은 것은 어느 것입니까?

가) 사사 옷니엘로 인해 적어도 40년 동안 이스라엘이 태평했다.

나) 사사 삼갈은 막대기로 블레셋 사람 600명을 죽였다.

다) 우상을 섬긴 이스라엘은 8년간 다른 나라를 섬겨야 하는 벌을 받았다.

라) 사사 에훗으로 인해 40년 동안 이스라엘이 태평했다.

5. 다음 괄호에 들어갈 이름을 쓰시오.

– "이스라엘에는 마을 사람들이 그쳤으니 나 (　　　　　)가 일어나 이스라엘의 어머니가 되기까지 그쳤도다"

– "깰지어다 깰지어다 (　　　　　)여 깰지어다 깰지어다 너는 노래할지어다 일어날지어다"

– "(　　　　　)여 주의 원수들은 다 이와 같이 망하게 하시고 주를 사랑하는 자들은 해가 힘 있게 돋음 같게 하시옵소서"

6. 삿 6장에 대한 내용으로 옳지 않은 것은 어느 것입니까?

가) 하나님은 기드온과 함께 하실 것을 약속하셨다.

나) 기드온의 아버지 요아스는 기드온이 자신과 가족들은 물론 성읍 사람들이 섬기는 바알의 단과 아세라 상을 헐고 파괴한 것을 알고 화가 나서 기드온을 죽이려 했다.

다) 여룹바알은 기드온의 다른 이름이다.

라) 7년간 미디안 사람들에게 고통을 당한 이스라엘의 구원을 위해 하나님은 기드온을 사사로 세우셨다.

〈삿 7~10〉

7. 삿 7~8장에 대한 내용 중 옳은 것들 두 가지를 고르시오.

가) 기드온이 죽자 이스라엘 백성은 하나님을 잊어버리고 우상을 섬겼다.

나) 기드온은 하나님께 300명으로 충분히 이스라엘을 구원할 수 있다고 말했다.

다) 300명 용사가 모두 나팔을 불자 들고 있던 항아리가 모두 깨졌다.

라) 이스라엘 백성이 자신들을 다스려 달라고 기드온에게 말하자 기드온은 여호와가 다스릴 것이라고 말했다.

8. 삿 9장에 대한 내용으로 옳지 않은 것은 어느 것입니까?

가) 여섯 종류의 나무가 나타난다.

나) 기드온(여룹바알)의 70명 아들 중 요담만 살았다.
다) 요담이 아비멜렉을 죽였다.
라) 아비멜렉과 세겜 사람들은 하나님의 심판을 받았다.

9. 삿 10장에 대한 내용으로 옳지 않은 것은 어느 것입니까?
가) 돌라와 야일 두 사사가 45년 동안 이스라엘을 다스렸다.
나) 이스라엘이 18년간 이웃 족속들에게 학대당한 것은 그들에게 사사가 없었기 때문이다.
다) 사사 야일이 죽자 이스라엘은 하나님을 잊고 다른 신들을 섬겼다.
라) 다시는 구원치 않겠다고 하신 하나님도 회개한 백성을 보시고 고민하셨다.

〈삿 11~13〉

10. 삿 11~12장의 내용을 읽고 다음 내용이 맞으면 'O' 틀리면 'X'를 표시하시오.
- 사사 기드온 때 미디안과의 전쟁에서 제외된 적이 있는 에브라임 지파(삿 8:1~3)는 암몬과의 전쟁에서도 자기들을 부르지 않았다고 사사 입다에게 불평했다. (　　)
- 기생 아들이었던 입다는 자신의 어머니가 부끄러워 고향을 떠나서 살았다. (　　)
- 길르앗 장로들은 암몬 사람들과 싸우기 위해 자신들이 내보낸 입다에게 가서 자신들의 머리와 장관이 되어 달라고 부탁했다. (　　)
- 이스라엘이 가나안 땅에 정착한 지 300년이 되었다. (　　)
- 하나님께 서원한 입다는 딸이 번제 대상이 되자 괴로워서 약속을 지키지 못했다. (　　)

11. 삿 12장에 나타나는 사사들의 통치기간을 합하면 모두 약 31년 정도가 되는데, 몇 사람의 사사들이 등장합니까?

12. 삼손의 출생에 대한 내용 중 옳지 않은 것은 어느 것입니까?
가) 이스라엘이 40년 동안 블레셋 사람들에게 괴롭힘을 당하는 시기에 태어났다.
나) 잉태치 못한 여인의 몸에서 하나님 권능과 은혜를 통해 태어나게 되었다.
다) 삼손은 12세 때부터 죽을 때까지 나실인으로 하나님께 구별되었다.
라) 삼손은 자라면서 하나님으로부터 복을 받았다.

〈삿 14~16〉

13. 삼손이 여호와의 영에 감동되어 한 일들과 가장 거리가 먼 것은 어느 것입니까?
가) 맨손으로 사자를 죽였다.
나) 아내에게 수수께끼 답을 알려주었다.
다) 아스글론 사람 30명을 죽였다.
라) 빼앗아 온 옷을 동무 30명에게 주었다.

14. 삿 15장 내용에 대한 이해가 바르지 않은 것은 어느 것입니까?
가) 여우 300마리의 꼬리가 서로 묶이듯 보복과 보복이 꼬리를 물었음
나) 유다 사람 3,000명은 삼손에게 함께 하시는 하나님보다 블레셋 사람들을 더 무서워했다.
다) 삼손은 나귀 턱뼈로 1,000명의 블레셋 사람들을 죽이게 하신 이가 하나님이라 고백하면서 목마름에 지쳐 죽어가는 자신을 살려달라고 하나님께 부르짖었다.
라) 삼손이 한 우묵한 곳을 치자 물이 솟아나왔고, 그 물을 마시고 죽어가던 삼손은 살았으며 그 샘 이름을 '엔학고레'(부르짖는 자의 우물)라 하였다.

15. 세 번이나 속고 날마다 재촉하고 조르는 들릴라와 자신과 함께 하시는 하나님과의 사이에서 죽을 지경이 되도록 고민한 삼손은 결국 누

구를 택하였습니까?

〈삿 17~19〉

16. 혼란하고 타락한 사사 시대의 생활상을 드러내는 말씀과 거리가 먼 것은 어느 것입니까?

가) "한 신상을 부어 만들기 위해 내 손에서 이 은을 여호와께 거룩히 드리노라"

나) "그 때에는 이스라엘에 왕이 없었으므로 사람마다 자기 소견에 옳은 대로 행하였더라"

다) "유다 가족에 속한 유다 베들레헴에 한 청년이 있었으니"

라) "레위인이 내 제사장이 되었으니 이제 여호와께서 내게 복 주실 줄을 아노라"

17. 삿 18장을 통해 타락한 현대교회의 모습을 볼 수 있습니다. 다음 중 18장에 나타나지 않는 모습은 어느 것입니까?

가) 오늘날 교회 안에 우상 숭배가 가득한 것처럼 신상을 만들어 섬기는 우상 숭배가 단 지파 내에 퍼져 있었다.

나) 오늘날 삯군 목자들처럼 생계를 유지하거나 물질적 풍요와 경제적 안정을 추구하는 떠돌이 제사장들이 있었다.

다) 오늘날 교회가 영원한 천국의 복락보다는 땅에서의 일시적 번영을 추구하는 것처럼 단 지파는 자신들이 차지해야 할 기업은 얻지 않고 인본주의적 노력과 계산으로써 안전하고 비옥하고 물이 풍부한 라이스 땅을 차지했다.

라) 오늘날 교회가 수많은 교파와 교단으로 나뉜 것처럼 단 지파는 여러 지파로 나뉘게 되었다.

18. 삿 19장에서 찾을 수 있는 성적 타락의 증거들에 해당되지 않는 것은 어느 것입니까?

가) 처녀 딸을 불량배들이 윤간하도록 내주고자 한 아버지

나) 레위인과 관계하려는(남색을 즐기려는) 기브아 불량배들
다) 밭에서 일하다가 저녁 때 집에 돌아온 노인
라) 레위인 첩의 행음
마) 첩을 데리고 사는 레위인

⟨삿 20~룻 1⟩

19. 삿 20장은 '동족상잔의 비극'이라는 말을 떠오르게 합니다. 이스라엘 동족 간의 전쟁에 대한 내용으로 옳지 않은 것은 어느 것입니까?
가) 레위인의 첩을 윤간한 베냐민 지파와 베냐민 지파를 징벌하고자 한 이스라엘 나머지 지파들 사이에 일어난 전쟁이다.
나) 3차에 걸쳐 전쟁이 있었고 총 희생자 수는 6만 5천 명에 달했다.
다) 여호와께서 베냐민을 치셨다.
라) 이스라엘 나머지 지파들은 하나님이 함께 하셨으므로 거의 희생을 당하지 않았다.

20. 다음 내용을 읽고 괄호에 들어갈 말을 쓰시오.

이스라엘 중에 악행을 저지른 사람들은 (　　　) 지파였고, 이스라엘 동족 간에 전쟁을 치르게 된 것도 (　　　) 지파 때문이었으나 백성은 (　　　) 지파를 완전히 사라지도록 끝내 버릴 수 없었다.

21. 사사기와 룻기의 시대적 배경을 가장 잘 설명한 것은 어느 것입니까?
가) 농경문화가 모든 문화의 중심이어서 농토를 얻기 위한 전쟁이 끊이지 않았다.
나) 왕이 없이 사사들이 치리하던 때라 사람들이 자기 소견에 옳은 대로 행동하고 살았다.
다) 하나님에 대한 이스라엘 백성의 신앙으로 인해 정의와 평화가 지속되었다.
라) 성적으로 타락한 문화 때문에 하나님을 신실하게 믿는 사람들이 전

혀 없었다.

제11주 (룻기 2~사무엘상 20)

〈룻 2~4〉

1. 룻 1~2장을 읽고 다음 중에서 말하는 사람과 말이 잘못 짝지어진 것을 고르시오.

가) 룻과 오르바 : "우리는 어머니와 함께 어머니의 백성에게로 돌아가겠나이다"

나) 룻 : "어머니의 하나님이 나의 하나님이 되시리니"

다) 나오미 : "그가 여호와로부터 복 받기를 원하노라"

라) 보아스 : "그 사람은 우리와 가까우니 우리 기업을 무를 자 중의 하나이니라"

2. 룻 3장 18절에 있는 '이 사건' 또는 '이 일'은 무엇을 의미합니까?

가) 타작을 모두 마치는 일

나) 룻과 첫날밤을 치르는 일

다) 기업을 무르는(되찾는) 책임

라) 친족을 찾아주는 책임

3. 룻에 대한 설명으로 옳지 않은 것 두 가지를 고르시오.

가) 모압 여인

나) 일곱 아들보다 귀한 며느리

다) 생명의 회복자 노년의 봉양자

라) 오벳의 양육자

〈삼상 1~3〉

4. 서로 가족이 아닌 사람 한 사람은 누구입니까?
가) 사무엘
나) 엘가나
다) 엘리
라) 한나
마) 브닌나

5. 삼상 2장의 내용으로 옳지 않은 것은 어느 것입니까?
가) 한나는 사무엘을 포함하여 모두 4남 2녀를 낳았다.
나) 한나는 매년 세마포 에봇을 지어서 사무엘에게 입혔다.
다) 한나는 기도를 통해서 '기름 부음을 받은 자(메시야, 그리스도)'를 예언했다.
라) 하나님께서도 '나의 기름 부음을 받은 자'라는 말씀을 하셨다.

6. 삼상 3장의 내용으로 옳지 않은 것은 어느 것입니까?
가) 사무엘은 하나님이 부르신지 네 번째 만에 하나님의 부르심을 알고 듣게 되었다.
나) "내가 여기 있나이다"는 사무엘이 엘리 제사장의 부름에 대답하는 말이었다.
다) 하나님의 부르심에 "말씀하옵소서 주의 종이 듣겠나이다"라고 사무엘이 대답했다.
라) 단과 브엘세바를 제외한 모든 이스라엘이 사무엘을 여호와의 선지자로 여겼다.

〈삼상 4~7〉

7. 다음의 괄호를 채워서 하나님의 궤가 이동한 경로를 구성하시오.
(　　　) → 에벤에셀 → (　　　) → 가드 → 에그론 → (　　　)

→ 기럇여아림

8. 여호와의 궤를 만지거나 들여다보거나 궤 때문에 죽은 사람들에 해당되지 않는 사람은 누구입니까?

가) 벧세메스 사람들

나) 엘리의 아들인 비느하스의 아내

다) 나답과 엘리아살

라) 에그론 사람들

9. 삼상 7장의 내용으로 옳지 않은 것은 어느 것입니까?

가) 미스바 : 사무엘이 이스라엘을 모으고 그들을 위해 금식하고 기도한 곳

나) 에벤에셀 : "여호와께서 여기까지 우리를 도우셨다"

다) 벧엘, 길갈, 미스바 : 사무엘이 이스라엘을 다스리기 위해 순회하였던 주요 도시들

라) 라마 : 이스라엘을 다스리고 단을 쌓은 곳으로 사무엘이 살았던 곳

마) 에그론, 가드 : 블레셋 사람들에게 빼앗겨 찾지 못한 땅

〈삼상 8~11〉

10. 하나님과 사무엘은 왜 장로들과 백성 모두가 원하는 왕의 제도를 기뻐하지 않았습니까?

가) 사무엘 아들들이 사사의 대를 이어갈 수 있는 기회가 없어지게 되어서

나) 이스라엘을 잘 다스렸지만 늙게 된 사무엘을 백성이 무시해서

다) 하나님을 이스라엘의 진정한 왕으로 모셔야 할 백성의 신앙이 변질되어서

라) 좋은 제도를 장로들과 백성이 먼저 발견해서

11. 삼상 9장과 10장에 나타난 사울에 대한 내용으로 옳지 않은 것은 어

느 것입니까?

가) 사무엘이 사울을 만나기 전에 하나님이 사울에 대해 미리 알려 주셔서 알게 되었다.

나) 사울을 왕으로 세우는 일에 반감을 가진 사람이 한 사람도 없었다.

다) 사울은 사무엘에 의해 왕으로 기름 부음을 받았다.

라) 하나님의 영이 사울에게도 임했다.

12. 백성에게 길갈로 가서 나라를 새롭게 하자고 한 사람은 누구입니까?

〈삼상 12~14〉

13. 백성이 여호와를 잊고 왕을 세워달라고 한 것이 죄라면 사무엘이 생각한 자신의 죄는 무엇입니까?

가) 왕을 구하는 백성을 이기지 못한 것

나) 우레와 비를 내리게 해서 백성을 무섭게 한 것

다) 백성을 위해 기도하기를 쉬는 것

라) 우상을 섬기는 백성의 지도자가 된 것

14. 사무엘이 말한 사울의 망령된 일은 무엇입니까?

가) 자신과 요나단의 수비대를 만든 일

나) 블레셋의 수비대를 공격한 일

다) 백성과 블레셋 사이에 전쟁을 일으킨 일

라) 제사장이 아닌데 번제를 드린 일

15. 삼상 14장에 대한 설명으로 옳지 않은 것은 어느 것입니까?

가) 백성은 권세를 사사로이 부리는 사울을 좋아하지 않았다.

나) 사울이 하나님의 뜻을 물었을 때 하나님께서 응답하셨다.

다) 요나단은 군사들과 나라를 생각했고 구원은 하나님께 달려 있다고 했다.

라) 피째 고기를 먹게 된 원인은 전쟁 중에 금식을 명한 사울 때문이었다.

〈삼상 15~17〉

16. 다음 괄호에 들어갈 말을 찾아 쓰고, 누가 누구에게 말한 것인지 쓰시오.
"(　　　　)이 제사보다 낫고 (　　　　)이 숫양의 기름보다 나으니"

17. 다음 괄호에 들어갈 말을 찾아 쓰시오.
"사람은 (　　　　)를 보거니와 나 여호와는 (　　　　)을 보느니라"

18. 다음 중 다윗이 한 말이 아닌 것은 어느 것입니까?

가) "네가 나를 개로 여기고…"

나) "여호와의 구원하심이 칼과 창에 있지 아니함을…"

다) "나는 만군의 여호와의 이름 곧 네가 모욕하는 이스라엘 군대의 하나님의 이름으로 네게 나아가노라"

라) "그로 말미암아 사람이 낙담하지 말 것이라"

〈삼상 18~20〉

19. 삼상 18장의 내용으로 보아 여호와께서 다윗과 함께 하심을 통해, 그리고 사람들이 다윗을 환영하고 사랑하는 것을 통해 하나님이 다윗을 얼마나 사랑하셨는지를 알 수 있습니다. 다음 중 다윗을 사랑하지 않은 사람(들)은 누구입니까?

가) 요나단

나) 이스라엘 사람들

다) 미갈

라) 사울

마) 유다 사람들

20. 하나님이 함께하시는 다윗을 사울이 죽이려 할 때 다윗을 구해 준 사람(들)에 해당하지 않은 사람(들)은 누구입니까?
가) 미갈
나) 사무엘
다) 요나단
라) 사울의 신하들

21. 삼상 20장에 나오는 다윗과 요나단의 언약으로 옳지 않은 것은 어느 것입니까?
가) 요나단은 다윗에게 하나님이 다윗의 대적들을 치실 것을 기원하는 약속을 했다.
나) 요나단은 하나님이 다윗과 함께 하실 것을 기원하겠다는 약속을 했다.
다) 요나단은 다윗에게 자신과 자신의 집에 인자함을 베풀기를 원했다.
라) 요나단은 사울을 곧 설득할 것이니 자신을 떠나지 말 것을 원했다.

제12주 (사무엘상 21~사무엘하 12)

〈삼상 21~23〉

1. 다윗이 수염에 침을 흘리며 미친 체한 이유는 무엇입니까?
가) 쫓아오는 사울이 자신을 알아보지 못하도록
나) 가드 왕 아기스가 두려워서
다) 아기스의 신하들이 무서워서
라) 진설병을 먹고 벌을 받아 미치게 되어서

2. 삼상 22장의 내용으로 보아 가장 악한 일을 한 사람은 누구입니까?
가) 사울

나) 다윗
다) 모압 왕
라) 놉의 제사장들

3. 삼상 23장에서 다윗에게 믿음과 용기를 심어준 사람은 누구입니까?

〈삼상 24~26〉

4. 다윗이 자신을 죽이려고 쫓아다니는 사울을 죽일 수 있었는데도 죽이지 않은 이유로 가장 올바른 것은 어느 것입니까?
가) 죽일 자신이 없어서
나) 사울의 신하들에게 보복 당할 것 같아서
다) 여호와의 기름 부음을 받은 자이기에
라) 살인하는 것은 죄이기 때문에

5. 삼상 25장에 나타나는 일이 아닌 것은 어느 것입니까?
가) 다윗의 결혼
나) 사무엘의 죽음
다) 아비가일의 죽음
라) 미갈의 결혼

6. 삼상 26장의 내용으로 옳은 것은 어느 것입니까?
가) 다윗이 더 이상 참을 수 없어 사울을 죽이려 했으나 하나님이 막으셨다.
나) 사울은 여전히 다윗에게 흉악한 마음을 품고 있었다.
다) 사울은 자신의 범죄를 깨닫지 못했다.
라) 사울은 자신을 죽이지 않은 다윗에게 감동을 받고 죄를 깨달았다.

〈삼상 27~31〉

7. 사울이 신접한 여인을 찾게 된 이유로 맞지 않은 것은 어느 것입니까?
가) 블레셋 군대가 무서워서
나) 하나님의 응답이 없어서
다) 자신이 쫓아낸 신접한 여인들로 인해 화를 당할 수 있으므로

8. 슬프고 어려운 일을 당했을 때 여호와 하나님으로부터 힘과 용기를 얻은 사람은 누구입니까?

9. 길보아 전투에서 죽은 사람이 아닌 사람은 누구입니까?
가) 아비나답
나) 아기스
다) 사울
라) 요나단

〈삼하 1~3〉

10. 죽은 사울과 요나단을 위해 애가를 지어 부른 사람은 누구입니까?

11. 삼하 2장에 대한 내용으로 옳지 않은 것은 어느 것입니까?
가) 다윗이 왕으로 기름 부음을 받았다.
나) 다윗은 사울을 장사한 길르앗 야베스 사람들에게 적대감을 품었다.
다) 사울의 추종자 아브넬이 마하나임에서 사울의 아들 이스보셋을 왕으로 세웠다.
라) 사울의 추종자들과 다윗의 추종자들 사이에 전투가 시작되었다.

12. 사울의 집과 다윗의 집 사이에 벌어진 전쟁에 대한 설명으로 옳지 않은 것은 어느 것입니까?

가) 다윗의 집과 사울의 집이 한 치의 양보 없이 더욱 강하게 맞서 싸웠다.

나) 사울의 아들 이스보셋을 왕으로 세우고자 했던 아브넬이 다윗 편이 되었다.

다) 요압은 자기 동생의 원수를 갚기 위해 아브넬을 무참히 죽였다.

라) 다윗은 요압을 저주했고 아브넬의 죽음에 애가를 지었다.

〈삼하 4~6〉

13. 다음 중 아버지와 아들 관계가 아닌 것은 어느 것입니까?

가) 이새 - 사울

나) 사울 - 요나단

다) 요나단 - 므비보셋

라) 사울 - 이스보셋

14. 삼하 5장의 내용으로 옳지 않은 것은 어느 것입니까?

가) 시온 산성이 다윗 성으로 불리게 되었다.

나) 솔로몬은 다윗의 아들이다.

다) 다윗은 30세에 왕이 되었다.

라) 다윗은 자신의 힘으로 블레셋을 물리쳤다.

15. 삼하 6장의 내용으로 옳지 않은 것은 어느 것입니까?

가) 하나님의 궤가 다윗 성으로 들어오는 동안 다윗은 궤 뒤를 따라 왔다.

나) 웃사는 흔들려 떨어지려는 궤를 만진 것 때문에 그 자리에서 죽었다.

다) 다윗은 여호와 하나님 앞에서 힘을 다하여 춤을 추었다.

라) 모든 백성이 떡 하나, 고기 한 조각, 건포도 한 덩이씩 나눠 먹었다.

마) 미갈은 하나님께 전심으로 영광을 돌린 다윗을 비웃어 복을 받지 못했다.

〈삼하 7~9〉

16. 삼하 7장에 나타난 다음 말들은 누가 한 말들인지 찾아 쓰시오.

가) "여호와께서 왕과 함께 계시니 마음에 있는 모든 것을 행하소서"
( )

나) "네 이름을 위대하게 만들어 주리라"( )

다) "네 집과 네 나라가 내 앞에서 영원히 보전되고 네 왕위가 영원히 견고하리라" ( )

라) "주의 종의 집이 영원히 복을 받게 하옵소서" ( )

17. 다음 괄호에 들어갈 말을 채우시오.

"( )이 어디를 가든지 ( )께서 이기게 하시니라[하셨더라]"

18. 다윗이 므비보셋에게 하나님의 은총을 베푼 것은 누구 때문입니까?

〈삼하 10~12〉

19. 다윗이 쳐서 물리친 두 족속을 삼하 10장에서 찾아 아래의 보기들 중 고르시오.

가) 블레셋 족속

나) 암몬 족속

다) 모압 족속

라) 아람 족속

20. 삼하 11장에 나타난 다윗의 범죄를 아래에서 모두 고르시오.

가) 목욕하는 여인을 보고 음심을 품었다.

나) 여인을 데려오게 한 후 동침했다.

다) 우리아를 가장 치열한 싸움터에 보내어 죽게 했다.

라) 우리아를 장사 지낸 후 밧세바를 왕궁으로 데려와 아내로 맞이했다.

21. 삼하 12장의 내용으로 옳지 않은 것은 어느 것입니까?
가) 선지자 나단이 비유를 들어 다윗의 죄악을 꾸짖었다.
나) 다윗의 범죄는 여호와를 업신여긴 것과 마찬가지였다.
다) 다윗은 죄를 인정하지 않았고 여호와께서도 용서하지 않으셨다.
라) 다윗의 죄에 대한 벌로 밧세바가 낳은 아이가 이레 만에 죽었고, 다윗을 용서하고 사랑하시는 하나님의 은총으로 솔로몬이 태어났다.

제13주 (사무엘하 13~열왕기상 11)

〈삼하 13~15〉

1. 삼하 13장의 사건에 대한 가장 적합한 표현은 어느 것입니까?
가) 연애 사건
나) 욕된 일
다) 이스라엘 백성이 절대로 해서는 안 될 어리석은 일
라) 왕이 화낼 일

2. 삼하 14~15장의 내용으로 보아 누구와 누구 사이에 갈등이 커지게 되었습니까?
가) 다윗과 요압
나) 다윗과 압살롬
다) 요압과 압살롬
라) 압살롬과 다말

3. 삼하 15장의 내용으로 맞지 않은 것은?
가) 압살롬이 반란을 일으켰다.

나) 반란 소식을 듣고 다윗은 도망을 갔다.
다) 다윗은 도망하면서 궤를 함께 가져갔다.
라) 다윗은 감람산에 오를 때 울며 기도했다.

〈삼하 16~18〉

4. 삼하 16~17장의 내용으로 볼 때 다윗의 편이거나 다윗을 도운 사람으로 옳지 않은 사람은 누구입니까?
가) 후새
나) 아히도벨
다) 사독과 아비아달
라) 바실래

5. 반역자 압살롬을 죽게 한 사람은 누구입니까?
가) 요압
나) 사독의 아들
다) 요압의 동생 아비새
라) 파수꾼

6. 삼하 18장의 내용으로 옳지 않은 것은 어느 것입니까?
가) 다윗은 자신을 반역한 원수지만 아들이기에 압살롬을 너그러이 대하라 명령했다.
나) 아히마하스는 요압의 소식을 다윗에게 전했으나 압살롬이 죽었다는 사실은 숨겼다.
다) 구스 사람은 요압이 이긴 소식과 압살롬이 죽은 사실을 함께 전했다.
라) 다윗은 죽은 압살롬이 아들이지만 반역자이었기에 그의 죽음에 슬퍼하지 않았다.

〈삼하 19~22〉

7. 삼하 19장에 나오는 사실로 옳지 않은 것은 어느 것입니까?
가) 용서를 구하는 시므이와 므비보셋
나) 다윗에게 식량과 필요한 것을 공급했던 바르실래
다) 유다 지파와 이스라엘 열 지파의 알력
라) 이스라엘을 싫어하고 유다 편을 든 다윗

8. 다윗의 신하가 아닌 사람은 누구입니까?
가) 세바
나) 요압
다) 브나야
라) 이라
마) 아도니람
바) 여호사밧

9. 삼하 22장에 제목을 붙인다면 다음 중 어느 것이 가장 잘 어울립니까?
가) 지난날들에 대한 '다윗의 회개'
나) 여호와를 향한 '다윗의 찬양'
다) 여호와에 대한 '다윗의 원망'
라) 이스라엘 백성에 대한 '다윗의 감사'

〈삼하 23~왕상 2〉

10. 다윗이 행한 인구조사에 대한 내용으로 옳지 않은 것은 어느 것입니까?
가) 교만한 일
나) 죄악 된 일
다) 꼭 해야 할 일

라) 미련한 일

11. 자신의 노력으로 다윗의 뒤를 이어 왕이 되려고 했던 사람과 하나님에 의해 왕이 된 사람의 이름을 각각 쓰시오.

12. 다음 괄호에 들어갈 말을 찾아 쓰시오.
"다윗과 그의 자손과 그의 집과 그의 왕위에는 (   )께로 말미암은 (   )이 영원히 있으리라"

〈왕상 3~5〉

13. 솔로몬이 하나님께 구해서 하나님의 마음에 맞았던 것은 무엇이며, 그것을 통해 그가 잘할 수 있었던 것은 무엇입니까?

가) 장수와 부(재물)/정치
나) 원수를 이기는 힘/전쟁
다) 많은 아내/자손번창
라) 지혜/재판

14. 솔로몬이 이룬 업적으로 옳지 않은 것은 어느 것입니까?

가) 잠언 3,000개와 1,005곡의 노래를 지었다.
나) 온 세계에 뛰어난 지혜를 떨쳤다.
다) 식물학, 동물학, 조류학, 어류학 등을 논했다.
라) 바닷가의 모래와 같이 많은 자손을 낳았다.

15. 하나님이 다윗에게 성전 짓는 일을 허락하시지 않고 솔로몬에게 허락하신 이유는 무엇입니까?

가) 다윗에게는 성전을 지을 만한 지혜와 지식이 솔로몬보다 부족해서
나) 다윗은 전쟁을 많이 해서 피를 많이 흘렸으므로
다) 솔로몬이 성전 재료인 백향목을 수입할 수 있는 무역의 길을 열어 놓았으므로

라) 솔로몬에게는 유명한 건축가 히람이 있었으므로

〈왕상 6~8〉

16. 솔로몬의 성전 건축에 대한 내용으로 옳지 않은 것은 어느 것입니까?

가) 건축하는 데 7년이 걸렸다.

나) 성전에 사용될 돌은 전이 건축될 장소에서 조심스럽게 다듬었다.

다) 이스라엘 백성이 애굽에서 나온 지 480년이 된 해에 성전을 건축하기 시작했다.

라) 성전에는 성소와 지성소 외에 다락과 골방들도 만들어졌다.

17. 솔로몬의 왕궁 건축에 대한 내용으로 옳지 않은 것은 어느 것입니까?

가) 13년에 걸쳐 지었다.

나) 성전보다 약 2배 정도(높이는 같음) 크게 지었다.

다) 왕궁에 놋기둥 둘(야긴과 보아스)을 세웠다.

라) 재판을 하기 위한 낭실을 거처할 궁 앞에 지었다.

18. 왕상 8장의 내용으로 옳지 않은 것은 어느 것입니까?

가) 언약궤 안에는 두 돌판과 만나가 든 항아리와 아론의 싹이 난 지팡이가 있었다.

나) 온 이스라엘 회중을 위해 솔로몬이 축복을 했다.

다) "주는 하늘에서 들으사 주의 종들과 주의 백성 이스라엘의 죄를 사하시고"라고 솔로몬은 여호와께 기도했다.

라) 솔로몬은 백성에게 여호와께서만 하나님이시고 그 외에는 없다고 말했다.

마) 봉헌식 때 솔로몬은 22,000마리의 소와 120,000마리의 양을 하나님께 제사로 드렸다.

〈왕상 9~11〉

19. 솔로몬에게 나타나셔서 하신 하나님의 말씀에 대한 요지로 옳지 않은 것은 어느 것입니까?
가) "네가 건축한 이 성전을 거룩하게 구별하겠다."
나) "내 율례와 법도를 지키면 다윗에게 한 언약을 지키겠다."
다) "내 율례를 따르지 않고 다른 신(우상)을 섬기면 이 땅에서 너희를 끊어버리겠다."
라) "죄를 범하여 온 백성에게 벌을 내릴지라도 이 성전만큼은 보호하겠다."

20. 왕상 10장의 내용으로 옳지 않은 것은 어느 것입니까?
가) 솔로몬의 지혜와 재산을 넘어설 왕이 천하에 없었다.
나) 스바 여왕이 솔로몬의 지혜와 왕궁과 성전을 보고 충격을 받아 기절했다.
다) 해상무역을 통해 엄청난 금을 얻었다.
라) 예루살렘에 금이 돌처럼 흔했고 백향목이 뽕나무처럼 흔하게 되었다.

21. 솔로몬의 말년과 최후에 대한 설명으로 옳지 않은 것은 어느 것입니까?
가) 솔로몬이 이스라엘을 40년간 다스리고 죽었으나 다윗 성에 장사되지 못했다.
나) 하나님이 두 번이나 나타나 경고하셨는데도 회개하지 않았다.
다) 이방 여인들을 아내로 많이 두어서 말년에 이방신들을 좇게 되었다.
라) 솔로몬의 신하 여로보암이 반란을 일으켰다.

제14주 (열왕기상 12~열왕기하 12)

〈왕상 12~14〉

1. 북쪽 왕이 된 여로보암의 죄에 해당되지 않는 것은 어느 것입니까?

가) 금송아지를 만들어 애굽에서 구원하신 여호와라고 백성에게 가르쳤다.

나) 백성이 예루살렘에 제사하러 가는 것을 금지했다.

다) 장로(노인)들의 충언(조언)을 거부하고 소년(젊은 사람)의 가르침을 따라 백성을 더욱 엄하게 다스리겠다고 했다.

라) 하나님이 정하신 절기를 제멋대로 바꾸어 지키도록 했다.

마) 레위 자손이 아닌 일반 사람으로 제사장을 삼았다.

2. 왕상 13장의 내용을 읽고 다음 중 옳지 않은 것을 고르시오.

가) 하나님의 사자 : 처음에는 예언사역을 잘 감당했으나 벧엘의 어느 늙은 선지자에게 속아 하나님의 말씀을 어기게 되었고, 벌을 받아 사자(lion)에게 찢겨 죽었다.

나) 늙은 선지자 : 아들들에게 그 하나님의 사자가 묻힌 무덤에 함께 묻어달라고 유언했다.

다) 여로보암 : 하나님의 선지자에 의해 벌을 받았을 때는 여호와께 기도 부탁까지 하였으나 이런 일이 있은 후에도 예전에 그랬듯이 여호와께 다시 죄를 범했다.

라) 늙은 선지자의 아들들 : 아버지를 이해하지 못했고, 시키는 대로 따르지도 않았다.

3. 자신의 아들이 병들었을 때 아내를 변장시켜 남쪽 유다 땅에 속한 실로에 사는 선지자 아히야에게 보내서 아들이 어떻게 될지 알아보도록 한 여로보암의 진정한 잘못은 무엇입니까?

가) 자신의 통치 영역이 아닌 남쪽에 아무도 모르게 아내를 보낸 일

나) 제사장까지도 아무나 시키던 왕이 급하게 선지자를 찾은 일
다) 죄에서 돌아서기는커녕 자신의 아들 문제만 해결 받고자 선지자를 찾은 일

〈왕상 15~17〉

4. 남쪽과 북쪽 왕들이 행한 일에 대한 설명 중 옳지 않은 것은 어느 것입니까?
가) 바아사 : 이스라엘의 왕이었고, 여호와 보시기에 선하게 행했다.
나) 나답 : 바아사를 죽이고 이스라엘 왕이 된 후 여호와의 보시기에 악을 행했다.
다) 아사 : 유다 왕으로 평생 여호와 앞에 온전했으나 조상들이 지은 우상은 없애지 못했다.
라) 아비얌 : 유다 왕으로 하나님 앞에 온전치 못했다.

5. 다음 중 가장 악한 이스라엘 왕은 누구입니까?
가) 아합
나) 시므리
다) 오므리
라) 바아사

6. "당신의 입에 있는 여호와의 말씀이 진실한 줄 아노라"라고 엘리야에게 말한 사람은 누구입니까?

〈왕상 18~22〉

7. 여호와가 하나님이시며, 자신이 하나님의 종이며, 자신이 하는 일이 하나님의 말씀에 따라 행한 것임과 백성의 마음을 돌이키게 하시는 이가 하나님임을 알게 해달라고 기도하여 응답받은 사람은 누구입니까?

8. 사명을 감당하다가 너무 힘들어 죽고자 했던 선지자에게 하나님이 하신 일로 옳지 않은 것은 어느 것입니까?

가) 천사를 통해 먹을 것을 주셨다.
나) 바람과 불 가운데 장엄하게 임하셨다.
다) 말씀으로 찾아오셨다.
라) 다시 사명의 말씀을 주시며 함께 하셨다.

9. 다음 중 잘못 짝지어진 것은 어느 것입니까?

가) 나봇 : 아합 왕과 이세벨에 의해 포도원을 빼앗기고 억울하게 죽임을 당했다.
나) 아합 왕 : 아람 왕 벤하닷 군대가 쳐들어왔을 때 크게 패했다.
다) 이세벨 : 개들에게 물려 죽게 될 것이라고 엘리야가 예언했다.
라) 엘리야 : 아합 왕의 멸망을 예언했다.
마) 여호사밧 : 유다 왕으로 이스라엘 왕과 평화를 원했다.

〈왕하 1~3〉

10. 에그론 신 바알세붑에게 병이 낫겠는지 물음으로써 하나님의 심판을 받은 이스라엘의 왕은 누구입니까?

11. 죽지 않고 회오리 바람을 타고 승천한 선지자와 그의 영감을 이어받은 선지자를 각각 쓰시오.

12. 다음 보기들 중 잘못 짝지어진 것은 어느 것입니까?

가) 여호람 : 여호와 보시기에 악함
나) 메사 : 전쟁에서 궁지에 몰리자 자신의 맏아들을 번제로 드림
다) 여호사밧 : 전쟁에서 오직 자신의 힘을 의지함
라) 엘리사 : 바람도 비도 없는 골짜기에 물이 가득할 것이라고 말함
마) 이스라엘 왕의 신하 : 여호사밧에게 엘리야의 수제자 엘리사를 소개함

바) 거문고 타는 자 : 엘리사를 감동시키는 연주를 함

〈왕하 4~6〉

13. 엘리사에 대한 사람들의 표현으로 옳지 않은 것은 어느 것입니까?
가) 선지자 제자들의 아내 중 한 여인 : 여호와를 경외하는 사람
나) 수넴 여인 : 하나님의 거룩한 사람
다) 수넴 여인 : 내 주 하나님의 사람
라) 선지자의 제자들 : 하나님의 사람

14. 나아만의 문둥병이 낫기까지 연결된 사람들의 순서에서 빠진 부분을 채우시오.
이스라엘에서 잡혀온 소녀 → 나아만의 아내 → ( ) → 아람 왕 → 이스라엘 왕 → ( ) → 이스라엘 왕 → 나아만 → 엘리사의 사자 → 나아만의 종들 → 엘리사 → 나아만 → 게하시

15. 왕하 6장에 나타난 엘리사의 기도로 옳지 않은 것은 어느 것입니까?
가) "그(사환)의 눈을 열어서 보게 하옵소서"
나) "저 무리의 눈을 어둡게 하옵소서"
다) "이 무리의 눈을 열어서 보게 하옵소서"
라) "나의 주 왕이여 도우소서"

〈왕하 7~9〉

16. 아람 군대가 장막은 물론 말과 나귀까지도 버려두고 도망간 이유는 무엇입니까?
가) 엘리사의 예언을 듣고 무서워서
나) 여호와께서 아람 군대로 하여금 큰 군대와 말과 병거 소리를 듣게 하셔서

다) 문둥병자 네 명을 통해 문둥병이 전염될 것이 무서워서
라) 헷사람의 왕들과 애굽 왕들이 이스라엘과 연합하여 공격하므로

17. 엘리사 덕분으로 7년 동안의 극심한 기근을 피할 수 있었던 사람은 누구입니까?
가) 수넴 여인
나) 게하시
다) 벤하닷
라) 하사엘

18. 예후에게 직접 기름을 부어 왕이 되게 한 선지자는 누구입니까?
가) 엘리사
나) 님시의 손자
다) 청년 선지자
라) 하사엘

〈왕하 10~12〉

19. 왕 예후에 대한 설명으로 옳지 않은 것은 어느 것입니까?
가) 바알을 위한 대회를 열어 백성에게 바알 숭배를 보급하였음
나) 바알 신을 섬기는 일을 백성 중에서 뿌리 뽑았음
다) 여로보암의 죄(금송아지 숭배)에서 떠나지는 못했음
라) 여호와의 율법을 전심으로 지켜 행하지 못했음

20. 아하시야의 어머니 아달랴(아합의 딸)를 피해 극적으로 살아나 왕이 된 사람은 누구입니까?

21. 요아스에 대한 설명으로 옳지 않은 것은 어느 것입니까?
가) 40년간 예루살렘에서 다스렸다.
나) 산당을 완전히 제거했다.

다) 성전을 수리했다.
라) 비참하게 죽었다.

제15주 (열왕기하 13~역대상 10)

〈왕하 13~15〉

1. 여호아하스 왕과 요아스 왕에 대한 설명으로 옳지 않은 것은 어느 것입니까?

가) 둘 다 유다 왕이었다.
나) 여로보암의 죄에서 떠나지 못했다.
다) 여호와 보시기에 악을 행했다.
라) 엘리사와 같은 시대에 살았다.

2. 왕하 14장에 나타나는 선지자 한 사람을 찾아 쓰시오.

3. 왕하 15장에 나오는 왕의 이름과 통치를 잘못 짝지은 것은 어느 것입니까?

가) 아사랴 : 52년/유다
나) 스가랴 : 6개월/이스라엘
다) 살룸 : 1개월/이스라엘
라) 므나헴 : 10년/유다

〈왕하 16~18〉

4. 20세에 왕이 되어 유다를 16년 동안 다스렸으나 악한 이스라엘 왕들처럼 하나님 보시기에 악을 행했고, 앗수르에 다녀와서 거기서 본 방법대로 제사 형식을 바꾼 왕은 누구입니까?

5. 이스라엘이 앗수르 왕에 의해 멸망당하고 포로로 잡혀간 벌을 당한 이유로 옳지 않은 것은 어느 것입니까?

가) 애굽에서 인도해 내신 여호와를 잊어버렸기 때문에

나) 금송아지를 비롯한 여러 가지 우상을 섬겼기 때문에

다) 남쪽 유다보다는 지리적으로 불리한 위치에 있었기 때문에

라) 자녀들을 불 가운데로 지나게 하는 잔인한 이방제사를 따랐기 때문에

6. 다음 보기들을 읽고 누구인지 찾아 쓰시오.

– "여호와께서 반드시 우리를 건지실지라"

– 여호와께서 그와 함께 하셨고 그는 어디로 가든지 형통했다.

– 25세에 왕이 되어 29년 동안 유다를 다스렸다.

– 모세가 만든 놋뱀을 향해 백성이 분향해 왔던 것을 없애버렸다.

〈왕하 19~23〉

7. 왕하 19장의 내용으로 옳지 않은 것은 어느 것입니까?

가) 히스기야의 기도

나) 유다 구원에 대한 이사야의 예언

다) 이사야의 앗수르에 대한 심판 예언

라) 패망한 북쪽 이스라엘에 대한 회복

8. 왕하 20~21장에서 유다의 멸망을 예언한 선지자(들)로 다음 중 옳은 것은 어느 것입니까?

가) 이사야 선지자 한 사람

나) 이사야를 제외한 모든 선지자들

다) 이사야를 포함한 모든 선지자들

라) 이사야를 비롯한 일부 선지자들

9. 유다 왕으로서 종교개혁을 일으켜 그와 같이 "마음을 다하며 뜻을 다

하며 힘을 다하여 모세의 율법을 따라 여호와께로 돌이킨 왕은 … 전에도 없었고 후에도 그와 같은 자가 없었더라"는 칭송을 들은 사람이 누구인지 왕하 22~23장을 읽고 찾아 쓰시오.

〈왕하 24~대상 1〉

10. 여호와 보시기에 악을 행했고 유다가 멸망하기 직전에 유다를 다스렸던 세 명의 왕들을 왕하 24장에서 찾아 쓰시오.

11. 유다를 멸망시킨 나라와 왕의 이름은 무엇입니까?

12. 거주할 땅 또는 사람들이 사는 세상이 나누어진 때는 정확히 언제였습니까? (창 10~11 참고)

가) 노아가 셈과 함과 야벳을 낳은 이후
나) 구스가 니므롯을 낳기 직전
다) 에벨이 두 아들을 낳은 이후
라) 아브라함이 이스마엘과 이삭을 낳은 후

〈대상 2~4〉

13. 다음 중에서 여자가 아닌 사람은 누구입니까?

가) 다말
나) 아비가일
다) 악사
라) 갈렙

14. 다음 중 아버지와 아들의 관계가 잘못 짝지어진 것은 어느 것입니까?

가) 다윗 - 압살롬
나) 솔로몬 - 르호보암

다) 요시야 - 히스기야
라) 스룹바벨 - 므술람

15. 다음은 누구의 기도입니까?
"주께서 내게 복을 주시려거든 나의 지역을 넓히시고 주의 손으로 나를 도우사 나로 환난을 벗어나 내게 근심이 없게 하옵소서"

〈대상 5~7〉

16. 대상 5장에 나오는 말이 아닌 것은 어느 것입니까?
가) 장자
나) 총리
다) 우두머리
라) 족장
마) 왕

17. 다음 중 잘못 짝지어진 것은 어느 것입니까?
가) 아사랴 → 제사장
나) 헤만 → 찬송하는 자
다) 아삽 → 도피성을 지키는 자
라) 아론과 그 자손들 → 제사장

18. 대상 7장에 나오지 않는 지파는 무슨 지파입니까?
가) 르우벤 지파
나) 아셀 지파
다) 잇사갈 지파
라) 베냐민 지파

〈대상 8~10〉

19. 다음은 누구의 자손들입니까?
사울, 요나단, 울람, 기스

20. 다음 중 서로 잘못 짝지어진 것은 어느 것입니까?
가) 아사랴 : 하나님의 전을 맡은 자
나) 살룸 : 문지기
다) 기스 : 안식일마다 떡을 준비한 자
라) 맛디댜 : 전병 굽는 일을 하는 자

21. 다음 괄호에 들어갈 말을 찾아 쓰시오.
"사울이 죽은 것은 여호와께 (　　　)하였기 때문이라 그가 여호와의 (　　　)을 지키지 아니하고 또 신접한 자에게 가르치기를 청하고 여호와께 (　　　) 아니하였으므로 그를 죽이시고 그 나라를 이새의 아들 다윗에게 넘겨주셨더라"

제16주 (역대상 11~역대하 3)

〈대상 11~13〉

1. 다윗이 이스라엘 백성의 왕이 된 것에 대한 설명 중 옳은 것은 어느 것입니까?
가) 다윗이 어렸을 때 꾼 꿈이 이루어진 것이다.
나) 이스라엘 백성이 선택하여 세운 일이다.
다) 여호와께서 사무엘을 통해 말씀하신 대로 된 일이다.
라) 사울이 왕권을 넘기기로 약속해서 된 일이다.

2. 다윗의 군대에 대한 설명으로 옳지 않은 것은 어느 것입니까?
가) 하나님의 군대와 같았다.
나) 다윗을 돕고자 하는 사람들이 날마다 모여들어서 큰 군대가 되었다.
다) 12지파 모두 동참해서 군대를 이루었다.
라) 두 마음을 품어 아직도 사울에 대한 충성에서 벗어나지 못한 사람들이 있었다.

3. 하나님의 궤로 인해 저주 또는 복을 받은 사람들을 대상 13장에서 찾아 아래에 쓰시오.
– 저주를 받아 죽은 사람 :
– 복을 받은 사람(가정) :

〈대상 14~16〉

4. 블레셋 사람들이 이스라엘 땅을 침범해 왔을 때 다윗 왕이 가장 먼저 한 일에 대한 내용으로 옳은 것은 어느 것입니까?
가) 기습공격을 해서 물리쳤다.
나) 여호와 하나님이 지켜주실 것으로 알고 아무런 반응도 하지 않았다.
다) 여호와 하나님께 어떻게 해야 하는지를 물었다.
라) 철저히 방비를 해서 침략하지 못하도록 안간힘을 쓰며 저항했다.

5. 대상 15장에 나타나는 직분자(섬기는 자)가 아닌 것은 어느 것입니까?
가) 제사장
나) 궤를 메는 자
다) 노래하는 자
라) 춤추는 자
마) 문지기

6. 다윗의 찬송시에 대한 내용에 포함되지 않는 것은 어느 것입니까?

가) "그는 높고 영화로우심이요 말과 그 탄 자를 바다에 던지셨음이로다"
나) "여호와와 그의 능력을 구할지어다 항상 그의 얼굴을 찾을지어다"
다) "온 땅이여 여호와께 노래하며 그의 구원을 날마다 선포할지어다"
라) "주께서 땅을 심판하러 오실 것임이로다"

〈대상 17~20〉

7. 대상 17장에 없는 내용은 어느 것입니까?
가) 선지자 나단의 예언
나) 다윗의 감사기도
다) 다윗의 회개
라) 여호와의 언약

8. "다윗이 어디로 가든지 여호와께서 (　　　　) 하시니라"는 말씀을 18~19장 속에서 찾고, 다음 중 괄호에 들어갈 말을 고르시오.
가) 이기게
나) 형통하게
다) 기쁘게
라) 복을 얻게

9. 대상 20장을 읽고 골리앗의 아우(동생)가 누구에 의해 죽임을 당했는지 다음 중에서 고르시오.
가) 다윗
나) 엘하난
다) 야일
라) 요압

〈대상 21~23〉

10. 대상 21장의 내용으로 옳지 않은 것은 어느 것입니까?
가) 여호와께 대한 다윗의 제사와 기도에 하나님은 불로 응답하셨다.
나) 다윗이 인구조사를 하게 된 것은 사탄이 다윗을 격동하여 교만하게 한 일이었다.
다) 다윗은 오르난의 타작마당(모리아 산에 있음)을 사서 그곳에서 여호와께 단을 쌓았다.
라) 다윗은 세 가지 형벌 중에 하나를 택해야 했다.
마) 다윗은 자신과 자신의 집을 벌하지 말고 백성을 벌해 달라고 여호와께 간구했다.

11. 다윗에 대한 대상 22장의 내용으로 옳지 않은 것은 어느 것입니까?
가) 성전을 건축하다가 중단하게 되었다.
나) 성전건축을 위해 많은 준비를 했다.
다) 솔로몬에게 성전건축을 부탁했다.
라) 전쟁을 많이 해서 성전건축이 허락되지 않았다.

12. 여호와의 전에서 섬길 레위인들의 나이가 다윗에 의해 몇 세로 낮추어졌습니까?

〈대상 24~26〉

13. 나누어진 제사장의 반차는 총 몇 개입니까?
가) 10반차
나) 12반차
다) 24반차
라) 30반차

14. 대상 25장에서 찾을 수 있는 나타난 조직 또는 직분은 무엇입니까?

가) 찬양대
나) 군대
다) 문지기
라) 행정조직

15. 대상 26장에 나오는 모든 사람들 중에 하나님에 의해 복을 받은 자의 이름과 '명철한 모사'의 이름을 각각 찾아 쓰시오.

〈대상 27~29〉

16. 대상 27장에 나오는 군대와 행정조직에 대한 내용으로 옳지 않은 것은 어느 것입니까?
가) 월별로 돌아가며 왕을 섬겼다.
나) 한 번에 24,000명씩 왕을 섬겼다.
다) 농사를 관장하는 사람들도 있었다.
라) 인구조사 일로 요압은 군대장관을 그만두었다.

17. "여호와께서는 모든 마음을 감찰하사 모든 의도를 아시나니 네가 만일 그를 찾으면 만날 것이요 만일 네가 그를 버리면 그가 너를 영원히 버리시리라"는 말은 누가 누구에게 한 말입니까?

18. "나와 내 백성이 무엇이기에 이처럼 즐거운 마음으로 드릴 힘이 있었나이까 모든 것이 주께로 말미암았사오니 우리가 (   )으로 주께 드렸을 뿐이니이다"라고 한 다윗의 말을 채우시오.

〈대하 1~3〉

19. 솔로몬이 여호와께 구한 것으로 옳지 않은 것은 어느 것입니까?
가) 지식
나) 지혜

다) 부와 재물

20. "천지를 지으신 이스라엘 하나님 여호와는 송축을 받으실지로다 다윗 왕에게 지혜로운 아들을 주시고…"라고 편지 답장을 솔로몬에게 보낸 사람은 누구입니까?

21. 성전이 건축된 곳과 관계가 없는 곳은 어느 것입니까?
가) 아브라함이 이삭을 드리기 위해 단을 쌓은 모리아산
나) 다윗이 회개하고 단을 쌓기 위해 값을 주고 산 오르난의 타작마당
다) 모세가 십계명을 받은 산
라) 예루살렘

제17주 (역대하 4~26)

〈대하 4~6〉

1. 성전 안에 없는 것은 어느 것인지 대하 4장을 읽고 고르시오.
가) 놋제단
나) 금송아지 우상
다) 물두멍
라) 숟가락

2. 여호와의 전에 구름이 가득하게 되었다는 것은 무엇을 뜻합니까?
가) 번제 때문에 연기가 가득했음
나) 날씨가 흐렸음
다) 여호와의 영광이 가득했음
라) 찬송과 악기 연주로 시끄러웠음

3. "이스라엘의 하나님 여호와여 천지에 주와 같은 신이 없나이다 주께서는 온 마음으로 주의 앞에서 행하는 주의 종들에게 (　　　)을 지키시고 (　　　)를 베푸시나이다"에 대해 설명한 내용 중 옳지 않은 것은 어느 것입니까?

가) 괄호 안에 들어갈 말은 '언약'과 '은혜'다.

나) 솔로몬이 무릎을 꿇고 하늘을 향해 손을 펴고 기도한 내용이다.

다) 여호와의 전 건축을 앞두고 했던 기도다.

라) 하나님이 행하신 언약이 이루어졌다는 고백의 기도다.

〈대하 7~9〉

4. 솔로몬이 기도를 마친 후에 일어난 일들로 옳지 않은 것은 어느 것입니까?

가) 불이 하늘에서 내려와 번제물과 제물들을 태웠다.

나) 백성이 땅에 엎드려 여호와께 감사를 드렸다.

다) 여호와의 영광이 전에 가득하게 되었다.

라) 백성이 무서워서 아무 말도 하지 못했다.

5. 대하 8장의 내용으로 옳지 않은 것은 어느 것입니까?

가) 제사장과 레위 사람들이 왕의 명을 어기기 시작했다.

나) 솔로몬의 통치 기간 40년 중 20년에 걸쳐 성전과 자신의 궁을 건축했다.

다) 이스라엘이 멸하지 못했던 족속은 노예가 되어 솔로몬과 이스라엘을 위해 일했다.

라) 여호와의 전은 완벽하게 건축되었다.

6. 스바 여왕이 놀라게 된 일과 관계가 없는 것은 어느 것입니까?

가) 솔로몬의 지혜

나) 솔로몬의 외모

다) 왕궁

라) 여호와의 전에 올라가는 층계

〈대하 10~13〉

7. 유다 성읍에 사는 이스라엘 백성의 왕이 된 사람은 누구입니까?

8. 대하 12장에 나오는 르호보암의 죄에 대한 내용으로 옳지 않은 것은 어느 것입니까?

가) 율법을 버렸다(지키지 않았다).
나) 백성까지 죄를 범하게 했다.
다) 선지자 스마야의 말을 하나님의 말씀으로 인정하지 않았다.
라) 선한 일도 행했지만 여호와를 의지하는 삶은 살지 않았다.

9. 여로보암이 다스리는 북쪽 이스라엘과 아비야가 다스리는 남쪽 유다가 전쟁을 해서 남쪽 유다가 이기게 된 이유는 무엇입니까?

가) 유다가 여호와를 의지했으므로
나) 아비야의 군대가 훨씬 강하게 훈련되어서
다) 북쪽 이스라엘이 전쟁 경험이 많지 않아서
라) 80만의 이스라엘 군대가 오합지졸이어서

〈대하 14~17〉

10. 유다의 아사 왕과 백성이 '평안'을 누리게 된 이유로 옳지 않은 것은 어느 것입니까?

가) 백성이 하나님을 의지하고 율법을 행하도록 해서
나) 우상을 없앴기 때문에
다) 여호와 보시기에 선과 정의를 행해서
라) 군대를 강하게 해서

11. 다음 보기들은 어떤 왕의 종교개혁(신앙개혁)인지 이름을 찾아 쓰

시오.

- 백성이 여호와 하나님을 만나게 되는 신앙적 결단을 하도록 이끌었다.
- 우상을 섬긴 어머니를 징계했고 우상을 완전히 없앴다.

12. 하나님이 여호사밧과 함께 하신 이유를 17장에서 찾아 다음 중에서 고르시오.

가) 바알 우상을 섬기지 아니하고 계명에 순종하는 삶을 살았으므로
나) 아버지인 아사 왕이 하나님을 잘 섬겼으므로
다) 하나님이 북쪽 이스라엘보다는 남쪽 유다를 좋아하셔서
라) 왕이 정치를 잘하고 군대를 강하게 키워서

〈대하 18~20〉

13. 여호사밧과 아합에 대한 내용 중 옳은 것은 어느 것입니까?

가) 아합이 의지하는 400명의 선지자를 여호사밧은 의지하지 않았다.
나) 여호사밧이 먼저 아합에게 함께 싸우자고 했다.
다) 미가야 선지자는 아합에게 인정을 받고 극진한 대접을 받았다.
라) 왕복을 입은 여호사밧이 활에 맞았다.

14. 선견자(선지자) 예후가 여호사밧에게 한 말이 아닌 것 하나를 고르시오. (보기의 내용은 성경의 표현을 쉽게 풀어쓴 내용임)

가) "악한 아합을 도운 일은 잘못된 일입니다."
나) "여호와를 미워하는 자(아합 왕)와 마음이 하나된 것은 잘한 일입니다."
다) "여호와의 진노가 왕(여호사밧)에게 임할 것입니다."
라) "이번 일은 악하지만 지금까지 왕이 한 선한 일들은 인정합니다."

15. "이 전쟁은 너희에게 속한 것이 아니요 하나님께 속한 것이니라"고 말한 사람은 누구입니까?

가) 여이엘
나) 스가랴
다) 야하시엘
라) 여호사밧

〈대하 21~23〉

16. 하나님에 의해 벌을 받아 불치병에 걸려 죽게 된 유다 왕은 누구입니까?

17. 유다 왕 아하시야가 북쪽 왕인 아합 왕처럼 악을 행하게 된 이유는 무엇입니까?
가) 모친(아달랴)이 꾀어 악을 행하게 했으므로
나) 악하게 행동을 해야 백성이 무서워서 잘 따르므로
다) 유다에는 선지가 없어서
라) 형들이 다 죽임을 당한 정신적 충격으로 마음이 독하게 되어서

18. 아달랴에 대한 설명으로 옳지 않은 것은 어느 것입니까?
가) 온 유다를 악에 물들게 한 장본인이었다.
나) 그녀가 죽으므로 백성이 즐거웠다.
다) 스스로 목을 매어 죽었다.
라) 그녀가 죽으므로 예루살렘 성이 평온해졌다.

〈대하 24~26〉

19. 예언을 하다가 성전 뜰 안에서 돌로 쳐 죽임을 당한 선지자는 누구입니까?

20. 다음 괄호에 들어갈 말을 찾아 쓰시오.
"하나님은 능히 (　　　) 하시고 능히 (　　　) 하시나이다"

21. 다음 괄호에 들어갈 말을 찾아 쓰시오.
– "그가 여호와를 찾을 동안에는 하나님이 (　　　)하게 하셨더라"
– "그가 강성하여지매 그의 마음이 (　　　)하여 악을 행하여…"

제18주 (역대하 27~느헤미야 5)

〈대하 27~29〉

1. 요담이 하나님 앞에서 바른 길을 걸음으로써 얻게 된 것은 무엇입니까?

가) 많은 자식
나) 하나님 보시기에 정직히 행하는 아들
다) 최장기간 통치
라) 점점 강해짐

2. 여호와께서 유다를 벌하신 이유로 가장 옳지 않은 것은 어느 것입니까?

가) 왕이 우상을 없애기보다는 우상들을 만들어 백성으로 하여금 섬기게 했으므로
나) 조상들이 전에 잘못을 많이 행해서
다) 아하스 왕이 망령되게 행했으므로
라) 하나님을 의지하기보다는 앗수르 왕을 의지했으므로
마) 왕이 극한 상황에서 이방인들이 섬기는 우상에게 제사했으므로

3. 훼파된 성전을 고치고, 우상 숭배로 중단되었던 제사 제도를 바로 잡아서 백성이 하나님을 올바르게 예배하고 찬송할 수 있도록 한 왕은 누구입니까?

〈대하 30~32〉

4. 다음 괄호에 들어갈 말을 찾아 쓰시오.

"제사장들과 레위 사람들이 일어나서 백성을 위하여 (　　　)하였으니 그 소리가 하늘에 들리고 그 (　　　)가 여호와의 거룩한 처소 (　　　)에 이르렀더라"

5. 대하 31장에 제목을 붙인다면 다음 중 어느 것이 가장 어울립니까?

가) 히스기야의 종교개혁

나) 히스기야의 기도

다) 히스기야의 사회개혁

라) 히스기야의 능력

6. 다음 중 앗수르의 침입에 두려워하는 백성에게 히스기야 왕이 한 말이 아닌 것은 어느 것입니까?

가) "우리와 함께 하시는 이가 그와 함께 하는 자보다 크니"

나) "그와 함께 하는 자는 육신의 팔이요 우리와 함께 하시는 이는 우리의 하나님 여호와시라"

다) "너희 하나님이 너희를 내 손에서 건져내겠느냐"

라) "반드시 우리를 도우시고 우리를 대신하여 싸우시리라"

〈대하 33~스 1〉

7. 유다 왕들에 대한 설명 중 옳지 않은 것은 어느 것입니까?

가) 히스기야 왕은 기도의 사람이었으나 응답받고 교만해졌고, 하나님의 진노를 받은 후 회개한 적이 있다.

나) 12세에 왕이 된 므낫세는 55년간 통치하며 여호와 보시기에 악을 행했다.

다) 아몬은 20세에 왕이 되어 2년을 다스렸으나 백성의 신앙을 회복시키고 여호와 앞에서 늘 겸손한 삶을 살았다.

라) 8세에 왕이 된 요시야는 30년간 좌우로 치우치지 아니했고, 여호와에 대한 신앙을 바로 잡았고, 율법책을 성전에서 발견하였으며, 백성으로 하여금 하나님의 말씀에 순종하도록 했다.
마) 요시야의 아들 여호아하스는 23세에 왕이 되었으나 3개월 만에 애굽 왕에게 잡혀가게 되었다.
바) 엘리야김은 애굽 왕에 의해 이름이 여호야김으로 바뀌고 11년을 치리하였으나 바벨론 왕에 의해 쇠사슬에 묶여 끌려갔다.
사) 여호야김의 아들 여호야긴은 8세에 왕이 되어 100일 동안 다스리다가 바벨론으로 끌려갔다.

8. 유다의 마지막 왕으로 예레미야 선지자의 말에도 자신을 낮추지 않았으며 애굽 왕을 의지했고 유다의 멸망을 본 왕은 누구입니까?

9. 하나님이 예레미야의 입을 통해 하신 말씀을 이루려고 사용한 바사 왕의 이름은 무엇입니까?

〈스 2~4〉

10. 에스라 2장에 나오는 포로들은 어디에서 어디로 돌아왔는지 다음 중에서 고르시오.
가) 애굽 → 사마리아
나) 바사 → 사마리아
다) 앗수르 → 유다
라) 바벨론 → 유다

11. 고국에 돌아온 백성이 한 일에 해당되지 않은 것은 어느 것입니까?
가) 번제단을 쌓고 초막절을 지켰다.
나) 바벨론을 보복하려고 큰 군대를 일으켰다.
다) 성전재건을 시작했다.
라) 여호와를 찬송했다.

12. 성전을 재건하는데 있어서 가장 큰 문제는?
가) 비용(돈) 문제
나) 방해 세력
다) 인력 부족
라) 지도력

....
〈스 5~7〉

13. 스 5장에 대한 내용으로 옳지 않은 것은 어느 것입니까?
가) 스룹바벨과 예수아가 지도자가 되어 성전을 건축하기 시작했다.
나) 선지자들(학개, 스가랴)은 예언만 하고 성전건축에는 무관심했다.
다) 장로들은 강 서편(사마리아) 총독의 질문에 성전건축은 사람의 일이 아니라 하나님의 일이라 답변했다.
라) 총독의 보고를 받은 메데 왕 다리오는 바사 왕 고레스의 조서를 확인한 후 성전건축을 방해하지 못하도록 했고 건축을 돕겠다고 했다.

14. 성전건축을 허락하고 도운 이방 왕이 아닌 사람은 누구입니까?
가) 다리오 왕(메데)
나) 고레스 왕(바사)
다) 아닥사스다 왕(바사)
라) 산헤립 왕(앗수르)

15. 스 7장에 나타난 에스라에 대한 설명으로 옳지 않은 것은 어느 것입니까?
가) 에스라를 소개하는데 아버지부터 16대조 아론(대제사장)까지 소개되어 있다.
나) 모세의 율법에 익숙한 학자였고 제사장이었다.
다) 성전에서 봉사하거나 일하는 사람들에게 세금을 내지 않도록 요구했다.
라) 율법을 연구하여 백성에게 가르칠 것을 결심했다.

〈스 8~느 2〉

16. 다음 괄호에 들어갈 말을 찾아 쓰시오.

"그러므로 우리가 이를 위하여 ( )하며 우리 하나님께 ( )하였더니 그의 ( )하심을 입었느니라"

17. 다음 보기들은 누구에 대한 내용인지 쓰시오.

- 하나님의 전 앞에서 엎드려 울며 기도한 사람
- 자신이 먼저 회개하여 백성이 남녀노소 할 것 없이 회개를 하도록 본이 되었다.
- 이방여인과 결혼을 금지하도록 했다.

18. 예루살렘 성이 훼파되고 성문들이 불타게 되었다는 소식을 듣고 며칠 동안 슬피 울며 금식하고 기도해서 하나님께 기도 응답을 받은 사람은 누구입니까?

〈느 3~5〉

19. 느 3장에 나오는 38명의 사람들에 대한 내용으로 옳지 않은 것은 어느 것입니까?

가) 성을 보수하는 일을 감독한 사람들
나) 성을 쌓은 사람들
다) 하나님의 일에 헌신한 사람들
라) 맡은 일을 열심히 감당한 사람들

20. 하나님의 일을 하는데 있어서 어떠한 일들이 있음을 알 수 있는지 느 4장과 5장을 읽고 두 개를 고르시오.

가) 방해가 있음
나) 불평이 있음
다) 아무런 어려움이 없음

21. "내 하나님이여 내가 이 백성을 위하여 행한 모든 일을 기억하사 내게 은혜를 베푸시옵소서"라고 기도하여 사람을 의지하거나 자신의 직분을 이용하여 무엇을 누리기보다는 전적으로 하나님께 의지한 사람은 누구입니까?

제19주 (느헤미야 6~욥기 5)

〈느 6~8〉

1. 느 6장에서 5회에 걸쳐 나오는 감정에 대한 말은 무엇입니까?
가) 슬픔
나) 기쁨
다) 두려움
라) 당황

2. 느 7장의 인구 및 여러 조사에 대한 설명으로 옳지 않은 것은 어느 것입니까?
가) 느헤미야가 조사했다.
나) 하나님의 감동으로 시작되었다.
다) 말과 낙타도 수를 세었다.
라) 사람들의 수가 5만이 넘었다.

3. 느 8장에 대한 내용으로 옳은 것은 어느 것입니까?
가) 백성은 율법을 듣고 밝히 깨달았기 때문에 먹고 마시며 나눠주고 크게 즐거워했다.
나) 백성은 초막을 짓고 유월절을 지켰다.
다) 백성이 율법을 듣고 슬피 울자 느헤미야가 그들에게 진심으로 회개하라고 말했다.

라) 에스라는 날마다 백성을 위해 제사를 지냈다.

〈느 9~11〉

4. 느 9장에 나오는 사람이 아닌 것은 어느 것입니까?
가) 욥
나) 아브라함
다) 모세
라) 예수아

5. 느 10장에 나타나 있지 않은 것은 어느 것입니까?
가) 십일조
나) 토지 봉헌
다) 성물
라) 첫 열매

6. 느 11장을 읽고 다음 중에서 옳게 연결되지 않은 것을 찾으시오.
가) 브다히야 : 왕의 수하에서 백성의 일을 다스림
나) 맛다냐 : 기도할 때 감사하는 말씀을 인도하는 어른
다) 웃시 : 노래하는 자에게 날마다 할 일을 정해 주는 일을 했음
라) 아다야 : 하나님의 전 바깥 일을 맡았음

〈느 12~에 3〉

7. 느 12장과 13장에 나오는 기도 내용으로 볼 수 없는 것은 어느 것입니까?
가) 내 하나님이여 나를 기억하사 복을 주옵소서
나) 나의 하나님이여 주의 큰 은혜대로 나를 아끼시옵소서
다) 내 하나님이여 제사장의 직분을 더럽힌 저들을 눈감아 주소서
라) 내 하나님이여 나의 행한 선한 일을 도말하지 마옵소서

8. 에스더에 대한 설명으로 옳지 않은 것은 어느 것입니까?
가) 부모가 없는 상태로 자랐다.
나) 유다에서 왕후가 되었다.
다) 모르드개의 사촌 누이였지만 양녀처럼 자랐다.
라) 누구보다도 아름다웠고 왕의 사랑을 받았다.

9. 유다 사람들을 모두 죽일 음모를 꾸민 사람은 누구입니까?

....
〈에 4~6〉

10. 에 4장을 읽고 에스더와 전혀 관계가 없는 것을 고르시오.
가) 죽으면 죽으리이다
나) 금식
다) 고레스
라) 수산궁

11. 다음 중 옳지 않은 것 하나를 고르시오.
가) 아하수에로 왕 : 에스더의 소원은 무엇이든지 들어준다고 했다.
나) 에스더 : 모르드개가 죽을 위험에 빠졌지만 구할 방법이 없어 절망했다.
다) 모르드개 : 하만을 보고 존경하는 마음도 없었고 무서워하지도 않았다.
라) 하만 : 친구들과 아내의 말대로 모르드개를 죽일 계획을 세웠다.

12. 모르드개 대신 나무에 달리게 될 사람은 누구입니까?

....
〈에 7~9〉

13. 에스더의 마음과 거리가 먼 것은 어느 것입니까?
가) 하만을 구하고자 하는 마음

나) 유다 백성을 구하고자 하는 마음
다) 모르드개를 구하고자 하는 마음
라) 자신을 구하고자 하는 마음

14. 유다 백성 모두를 위기에서 구해 낸 여인은 누구입니까?

15. 에스더로 인해서 유다인들이 기념일로 지키게 된 날은 어떤 날입니까?
가) 유월절
나) 초실절
다) 수장절
라) 부림절

〈에 10~욥 2〉

16. 죽을 뻔했으나 칭송을 받고 존귀하게 여김을 받게 된 사람은 누구입니까?

17. 욥에 대한 설명으로 옳지 않은 것은 어느 것입니까?
가) 하나님을 경외한 사람이다.
나) 자녀들을 모두 잃고 하나님을 원망했다.
다) "주신 이도 여호와시요 거두신 이도 여호와시오니"라는 고백의 기도를 했다.

18. "우리가 하나님께 복을 받았은즉 화도 받지 아니하겠느냐"라는 말은 욥이 누구에게 한 말입니까?

〈욥 3~5〉

19. 욥 3장을 읽고 욥의 심정을 가장 잘 드러낸 것을 고르시오.

가) 죽고 싶은 마음
나) 하나님을 욕하고 싶은 마음
다) 어머니에 대한 그리움
라) 친구들을 원망하는 마음

20. "사람이 어찌 하나님보다 의롭겠느냐"라고 욥에게 말한 친구는 누구입니까?

21. 다음 괄호에 들어갈 말을 찾아 쓰시오.
"사람은 (　　　　)을 위하여 났으니 불꽃이 위로 날아가는 것 같으니라"

제20주 (욥기 6~28)

〈욥 6~8〉

1. 욥 6장 1절에서 7장 6절 사이에 나오는 친구 엘리바스에 대한 욥의 대답으로 옳지 않은 것은 어느 것입니까?
가) "내가 여러 달째 고통을 받으니 고달픈 밤이 내게 작정되었구나"
나) "나의 간구를 누가 들어 줄 것이며 나의 소원을 하나님이 허락하시랴"
다) "하나님은 아프게 하시다가 싸매시며 상하게 하시다가 그의 손으로 고치시나니"
라) "내게 가르쳐서 나의 허물된 것을 깨닫게 하라 내가 잠잠하리라"

2. 욥 7장에서 욥이 말하는 하나님으로 옳지 않은 것은 어느 것입니까?
가) 사람에게 전혀 상관하시지 않는 분
나) 사람을 감찰하시는 분
다) 분초마다 시험하시는 분

라) 두렵게 하시는 분

3. 빌닷이 욥에게 말한 "네 시작은 미약하였으나 네 나중은 심히 창대하리라"는 말씀의 의미로 가장 올바른 것은 어느 것입니까?

가) 하나님께 기도하고 시작하면 아무리 작은 일이라 할지라도 나중에는 크게 성공하는 법이다.

나) 하나님을 잘 섬기면 사람들에게 인정받는 유명한 사람이 될 것이다.

다) 하나님께 계속 복을 구하면 점점 복을 얻게 되어 나중에는 큰 부자가 될 것이다.

라) 하나님을 찾고 의롭게 살면 지금의 형편이 확실히 회복될 것이다.

〈욥 9~11〉

4. 친구에 대한 욥의 대답으로 옳지 않은 것은 어느 것입니까?

가) "하나님 앞에 의로운 인생이 없다."

나) "하나님은 진노하시지 않는다."

다) "하나님이 빼앗으시면 막을 자 없다."

라) "하나님은 세상을 지으셨고 주관하신다."

5. "생명과 은혜를 내게 주시고 나를 보살핌으로 내 영을 지키셨나이다"는 누구의 기도 속에 포함된 내용입니까?

6. 욥의 친구 소발이 한 말로 옳지 않은 것은 어느 것입니까?

가) "하나님께서 너로 하여금 너의 죄를 잊게 하여 주셨음을 알라"

나) "하나님은 허망한 사람을 아시나니"

다) "네 손에 죄악이 있거든 멀리 버리라"

라) "네게는 이제 소망이 없다"

〈욥 12~15〉

7. 욥 12~13장을 읽고 다음 중 욥이 친구에게 한 말이 아닌 것을 고르시오.

가) "민족들을 커지게도 하시고 다시 멸하기도 하시며…"
나) "너희가 하나님을 속이려느냐"
다) "나의 허물과 죄를 내게 알게 하옵소서"
라) "능력과 지혜가 그에게 있고…"

8. 욥 14장 14~15절의 말씀과 관계없는 구절은 어느 것입니까?

가) 욥 5:25
나) 요 6:40
다) 살전 4:16
라) 마 8:32

9. 욥의 마음을 찌르고 고통스럽게 한 엘리바스의 말로 옳지 않은 것은 어느 것입니까?

가) 악을 저지르기를 물 마심 같이 하는 사람
나) 하나님께 분노를 터뜨리는 사람
다) 여인에게서 난 자 중에서 가장 불의한 사람
라) 하나님 경외하기를 그만두는 사람

〈욥 16~19〉

10. 욥 16~17장을 읽고 욥이 절실히 필요로 하는 사람은 어떤 사람이고, 또한 그런 사람으로 가장 적합한 사람은 누구인지 다음 중에서 고르시오.

가) 자신을 구해 줄 자 → 모세
나) 자신의 결백을 증명해 줄 자 → 예수
다) 자신을 위해 제사를 드려 줄 자 → 아론

라) 자신의 몸을 낫게 해줄 자 → 엘리야

11. 욥 18장에 나오는 말 중에서 서로 관계가 없는 것 하나는 어느 것입니까?
가) 사망의 장자
나) 불의한 자
다) 악인
라) 하나님을 알지 못하는 자

12. 욥 19장이 보여주는 욥이 처한 상황으로 옳지 않은 것은 어느 것입니까?
가) 형제들과 친척들이 욥에게서 떠났다.
나) 아는 사람들이 욥을 외면했다.
다) 아내는 욥의 숨결을 싫어했다.
라) 친구들은 욥과 함께 했고 욥을 위로했다.

〈욥 20~22〉

13. "하늘이 그의 죄악을 드러낼 것이요 땅이 그를 대항하여…"라고 말한 사람은 누구입니까?

14. 21장 22절에서 욥이 말한 '높은 자들'과 거리가 먼 것은 어느 것입니까?
가) 하나님보다 더 지식이 많다고 생각하는 자들
나) 욥의 세 친구들
다) 높고 거룩한 산에 거하는 자들
라) 교만한 자들

15. 엘리바스가 욥에게 한 말과 이에 대한 표현으로 가장 옳은 것은 어느 것입니까?

가) "네 죄가 크고 끝이 없어서 하나님께 심판을 받는다." → 인과응보(因果應報)

나) "권세 있는 자가 토지를 얻는다." → 권불십년(權不十年)

다) "하나님과 화목하고 평안하면 복이 임한다." → 전화위복(轉禍爲福)

라) "네가 무엇을 결정하면 이루어질 것이다." → 소원성취(所願成就)

〈욥 23~25〉

16. 욥 23장에서 친구들의 생각과는 다른 욥의 현재 생각(또는 믿음)을 가장 잘 드러낸 구절들이 있는데 다음 중 이 구절들과 거리가 먼 것은 어느 것입니까?

가) 2절 : 오늘도 내게 반항하는 마음과 근심이 있나니 내가 받는 재앙이 탄식보다 무거움이라

나) 10절 : 네가 가는 길을 그가 아시나니 그가 나를 단련하신 후에는 내가 순금같이 되어 나오리라

다) 13절 : 그 마음에 하고자 하시는 것이면 그것을 행하시나니

라) 14절 : 그런즉 내게 작정하신 것을 이루실 것이라

17. 욥 24장 13절의 '광명을 배반하는 사람들'에 대한 설명으로 옳지 않은 것은 어느 것입니까?

가) 빛을 거역하는 사람들

나) 신앙과 양심을 저버린 악인들

다) 낮에는 자고 밤에 일하는 사람들

라) 낮에는 집에 있고 밤에는 도적질을 하는 사람들

18. 욥에게 한 빌닷의 말로 옳지 않은 것은 어느 것입니까?

가) 하나님 앞에서 의로운 사람이 없다.

나) 사람으로 태어난 자는 스스로 깨끗하다고 할 자격이 없다.

다) 욥은 벌레요 구더기 같은 사람이라 전혀 의롭지 못하다.

라) 하나님 앞에서 달과 별은 깨끗하나 사람은 깨끗하지 않다.

⟨욥 26~28⟩

19. 욥이 빌닷에게 말한 "누구의 정신이 네게서 나왔느냐(26:4)"에 대한 뜻(욥의 생각)으로 가장 가까운 것은 어느 것입니까?

가) 사람마다 각각 신이 있는데 네 신은 누구냐?

나) 누구의 영감으로 말하느냐?

다) 너에게서 귀신이 나왔구나.

라) 너는 하나님과 동행하는구나.

20. 욥 27장의 내용을 통해서 짐작할 수 있는 욥의 의견으로 옳은 것은 어느 것입니까?

가) 하나님 앞에 의인은 없고 욥 자신도 의인이 아니기에 언제라도 재난을 당할 수 있다.

나) 의를 행하는 자는 이 땅에서 결코 고난당하지 않는다.

다) 욥 자신이 고통 받는 것은 친구들이 말하는 그런 죄 때문이 아니다.

라) 하나님은 까닭 없이 아무에게나 고통을 주시는데 우연히 욥이 받게 되었다.

21. 욥 28장에서 욥이 노래하는 것은 무엇입니까?

가) 지혜

나) 보석

다) 황금

라) 세상

제21주 (욥기 29~시편 12)

⟨욥 29~31⟩

1. 시험을 받기 전의 욥에 대한 삶이 아닌 것은 어느 것입니까?

가) 가난한 사람들과 고아들을 도왔다.
나) 사람들로부터 비난을 받는 부자였다.
다) 불의를 지나치지 않았고 의를 행했다.
라) 하나님이 함께 하시는 삶을 살았다.

2. 시험을 받고 있는 욥의 현재 모습으로 옳지 않은 것은 어느 것입니까?
가) 사람들에게 조롱을 받음
나) 사람들에게 미움을 받음
다) 사람들에게 저주를 받음
라) 사람들에게 도움을 받음

3. 욥 31장에서 욥이 주장하는 것은 무엇입니까?
가) "나는 죄를 짓지 않았습니다."
나) "나는 죄가 무엇인지 모릅니다."
다) "나는 죽을 죄를 지었습니다."
라) "나는 지금 죄를 짓고 있습니다."

〈욥 32~34〉

4. 다음 괄호에 들어갈 말을 찾아 쓰시오.
"사람의 속에는 (　　　)이 있고 전능자의 숨결이 사람에게 깨달음을 주시나니"

5. 다음 괄호에 들어갈 말을 찾아 쓰시오.
"하나님이 내 (　　　)을 건지사 구덩이에 내려가지 않게 하셨으니 내 생명이 빛을 보겠구나"

6. 욥의 세 친구와는 좀 다르게 욥을 향해 말하고 있는 사람은 누구입니까?

〈욥 35~38〉

7. 엘리후가 욥에게 말한 내용으로 옳지 않은 것은 어느 것입니까?

가) 우리가 하나님을 밝히 알 수 있다.

나) 헛된 기도는 회개 없는 교만한 기도다.

다) 하나님은 악인을 살려두시지 않는다.

라) 하나님이 하신 일에 대해 늘 찬송해야 한다.

8. 다음 짝지어진 것들 중에서 서로 맞지 않은 것을 37장을 읽고 고르시오.

가) 그를 경외하는 자 : 하나님을 경외하는 자

나) 마음에 지혜롭다 하는 자 : 교만한 자

다) 하나님이 부시는 기운 : 성령

라) 적은 비와 큰 비 : 늦은 비(봄비)와 이른 비(겨울비)

9. 욥 38장은 누가 누구에게 말한 것입니까?

가) 하나님 → 엘리후

나) 하나님 → 욥

다) 엘리후 → 욥

라) 욥 → 엘리후

〈욥 39~41〉

10. 욥 39장에 나오는 동물에 해당되지 않는 것은 어느 것입니까?

가) 산 염소

나) 타조

다) 악어

라) 말

마) 메뚜기

바) 매

사) 독수리

11. "나는 비천하오니 무엇이라 주께 대답하리이까 손으로 내 입을 가릴 뿐이로소이다"라고 한 욥의 말을 다음과 같이 고쳤을 때 옳지 않은 것은 어느 것입니까?
가) "주여 나의 교만을 용서하소서"
나) "내가 무지하기 때문에 하나님께 할 말이 없나이다"
다) "주여 이제는 겸손한 자가 되겠습니다"
라) "말솜씨가 없어서 하나님을 못 당하겠습니다"

12. 40장 15절에서 41장에 나오는 두 동물을 통해 하나님은 욥에게 교훈하시는데, 옛날 사람들이 두려워했던 이 동물들은 어떤 동물인지 성경에 나오는 대로 찾아 쓰시오.

〈욥 42~시 4〉

13. 욥 42장의 내용으로 옳지 않은 것은 어느 것입니까?
가) 욥의 참다운 신앙고백과 회개
나) 욥의 자손들의 유산 분쟁
다) 친구들을 위한 욥의 중보기도
라) 욥이 다시 받은 갑절의 축복

14. 시 1~2편은 세상의 기준과 전적으로 다른 '복 있는 자'에 대해 말해 줍니다. 다음 중 복 있는 자에 속하지 않는 사람들은 어떤 사람입니까?
가) 여호와를 의지하는 자
나) 율법을 주야로 묵상하는 자
다) 죄인의 길에 서지 아니하는 자
라) 여호와의 지혜를 얻지 않고 교훈을 받지 않는 왕들과 재판관들

15. 시 3~4편이 말해 주듯이 하나님이 그의 백성에게 주시는 것들 가운데 속하지 않는 것은 어느 것입니까?

가) 두려움
나) 구원
다) 복
라) 기쁨
마) 평안
바) 기도응답

········
〈시 5~8〉

16. 시 5~6편에 두드러지게 나타나는 말이나 주제에 해당되지 않는 것은 어느 것입니까?

가) 기도
나) 회개
다) 성찬
라) 통회

17. 시 7편은 어떤 하나님을 노래하고 있습니까?

가) 창조의 하나님
나) 복을 주시는 하나님
다) 심판의 하나님
라) 사랑의 하나님

18. 시 8편에서 하나님은 어떻게 묘사됩니까?

가) 질투의 하나님
나) 창조의 하나님
다) 구원의 하나님
라) 의의 하나님

〈시 9~12〉

19. "나를 사망의 문에서 일으키시는 주"에서 '나'와 '주'를 바르게 연결한 것은 어느 것입니까?

가) 솔로몬 : 여호와

나) 가난한 자 : 원수

다) 다윗 : 여호와

라) 다윗 : 원수

20. 시 10편에서 '하나님이 없다'고 생각하는 사람은 다음 중 어떤 사람입니까?

가) 가난한 자

나) 겸손한 자

다) 압박당하는 자

라) 악한 자

마) 외로운 자

21. 시 11~12편에서 노래하는 주요 내용으로 옳지 않은 것은 어느 것입니까?

가) 의로우신 하나님

나) 복을 주시는 하나님

다) 순결한 여호와의 말씀

라) 인생을 감찰하시는 하나님

제22주 (시편 13~37)

〈시 13~16〉

1. 서로 대조를 이루는(반대가 되는) 말들이 아닌 것은 어느 것입니까?

가) 어리석은 자 : 하나님을 찾는 자
나) 선을 행하는 자 : 죄악을 행하는 자
다) 땅에 있는 성도 : 망령된 자
라) 주의 성산에 사는 자 : 가난한 자

2. 시를 쓴 다윗이 주(여호와 하나님)에 대해서 말한 것으로 옳지 않은 것은 어느 것입니까?

가) 복
나) 산업
다) 예물
라) 잔의 소득

3. 다윗이 하나님으로 인해 누리고 있는 것들로 옳지 않은 것은 어느 것입니까?

가) 매사의 즐거움
나) 죽음에 대한 불안
다) 마음의 기쁨
라) 부활의 확신

〈시 17~19〉

4. 다음은 어떤 사람인지 시 17편에서 찾아 네 글자로 쓰시오.

– 주님이 세상에 베푸신 재물로 배를 채우는 사람
– 자신의 자녀로 만족을 하는 사람

– 유산을 자녀에게 상속하는 사람

5. 다음 괄호에 들어갈 말을 시 18편에서 찾아 쓰시오.

– "내가 환난 중에서 여호와께 아뢰며 나의 하나님께 부르짖었더니 그가 그의 성전에서 내 소리를 (　　　　)이여"

– "자비로운 자에게는 주의 (　　　　)로우심을 나타내시며"

– "주께서 곤고한 백성은 (　　　　)하시고 (　　　　)한 눈은 낮추시리이다"

– "여호와는 (　　　　　　) 나의 반석을 찬송하며…"

6. 여호와의 율법(하나님의 말씀)에 대한 다윗의 교훈으로 옳지 않은 것은 어느 것입니까?

가) 원수에 대한 증오심을 커지게 함

나) 영혼을 소성케 하고 지혜롭게 함

다) 마음을 기쁘게 하고 눈을 밝게 함

라) 정금보다 소중하고 꿀보다 달콤함

....

〈시 20~25〉

7. 시 20~21편을 읽고 내용과 가장 어울리는 단어를 고르시오.

가) 사랑

나) 겸손

다) 승리

라) 감사

8. 시 22편에 대한 설명으로 전혀 옳지 않은 것은 어느 것입니까?

가) 첫 구절 "내 하나님이여 내 하나님이여 어찌 나를 버리셨나이까"(마 27:46 참고)는 제목이라 할 수 있다.

나) 전반부는 고난(죽음)에 대한, 후반부는 승리(부활)에 대한 내용이다.

다) 다윗이 지었다.

라) 다윗의 생애에 관한 시이지 메시야(그리스도)에 대한 예언의 시가 아니다.

9. 시 23~25편에서 다윗이 여호와를 비유하거나 칭하는 말로 옳지 않은 것은 어느 것입니까?
가) 목자
나) 주
다) 토기장이
라) 왕

....
〈시 26~28〉

10. 시 26편을 읽고 다음 중에서 가장 거리가 먼 것을 고르시오.
가) 간구
나) 고백
다) 결단
라) 회개

11. "내가 (　　　)의 땅에서 여호와의 (　　　)을 보게 될 줄 확실히 믿었도다"에서 괄호에 각각 들어갈 말을 시 27편에서 찾아 쓰시오.

12. 시 28편을 통해서 알 수 있는 '무덤에 내려가는 자'는 보기와 같은데, 괄호 안에 들어갈 말로 어울리지 않은 것은 어느 것입니까?
– 하나님이 (　　　)를(을) 듣지 않으시거나 응답치 않으심
가) 기도
나) 간구
다) 부르짖음
라) 찬송

〈시 29~31〉

13. 시 29편에서 가장 많이 나타나는 단어들을 순서대로 나열한 것은 어느 것입니까?

가) 여호와 → 여호와의 소리 → 백성

나) 여호와 → 여호와의 소리 → 광야

다) 여호와 → 여호와의 소리 → 백향목

라) 여호와 → 여호와의 소리 → 영광

14. 다음 중 서로 반대되는 말들로 시 31편에 나타나 있지 않은 것을 시 30편을 읽고 고르시오.

가) 울음 : 기쁨

나) 잠깐 : 평생

다) 수치 : 영광

라) 노염 : 은총

15. 유대인들이 어린 자녀들을 잠재우기 전에 드렸던 기도로 알려져 있고, 스데반 집사가 돌에 맞아 죽는 순간 드렸던 마지막 기도였으며(행 7장), 예수님이 십자가에서 죽으시기 전에 마지막으로 하신 기도(눅 23장)였던 내용이 나와 있는 구절은 시 31편 몇 절입니까?

〈시 32~34〉

16. 시 32편과 33편을 읽고 옳지 않은 것을 고르시오.

가) 여호와의 말씀으로 하늘과 세상 만물이 지어졌다.

나) 의인들에게는 많은 슬픔이 있다.

다) 하나님의 기업으로 택함을 받은 백성은 복이 있다.

라) 의인들과 정직한 자들은 마땅히 하나님을 즐거워하고 찬송한다.

17. 하나님에 대한 설명 중에서 시 34편에 있지 않은 것은 어느 것입니

까?

가) 여호와는 자기 백성에게 힘과 평강의 복을 주신다.

나) 여호와는 마음이 상한 자에게 가까이 하시고 중심에 통회하는 자를 구원하신다.

다) 여호와는 의인의 외침(간구)을 들으시고 환난에서 건지신다.

라) 여호와는 의인을 고난에서 건지신다.

18. 다음 괄호에 들어갈 말을 찾아 쓰시오.

"너희 (　　　)들아 여호와를 (　　　)하라 그를 (　　　)하는 자에게는 부족함이 없도다"

〈시 35~37〉

19. 다음 괄호에 들어갈 말을 시 35~36편에서 찾아 쓰시오.

- "나의 혀가 주의 (　　　)를 말하며 종일토록 주를 (　　　)하리이다"
- "진실로 (　　　　　)이 주께 있사오니"

20. 다음 사람들의 공통점은 무엇인지 시 37편을 읽고 찾으시오.

- 여호와의 도를 지키는 자
- 의인
- 주의 복을 받은 자
- 온유한 자
- 여호와를 기대하는 자

21. 다음과 같이 대조되는 말들이 나오는 구절은 시 37편 몇 절입니까?

- 정의와 사랑
- 성도와 악인
- 보호와 버림

제23주 (시편 38~59)

〈시 38~40〉

1. 시 38편에 나타난 다윗의 마음 상태로 옳지 않은 것은 어느 것입니까?

가) 불안
나) 슬픔
다) 분노
라) 근심

2. 시 39편에 나타난 다윗의 기도에 해당되지 않는 것은 어느 것입니까?

가) 나의 건강을 회복시키소서
나) 나를 용서하소서
다) 내가 나의 연약함을 알게 하소서
라) 나를 영화롭게 하소서

3. 다윗은 무엇이 자신의 머리털보다 많다고 말했습니까?

가) 자신의 선행
나) 자신의 죄
다) 자신의 복
라) 자신의 원수들

〈시 41~43〉

4. 다음 중 시 41편에서 두 번이나 반복해서 나오는 말은 어느 것입니까?

가) 나를 고치소서

나) 하나님을 찬송할지로다
다) 복을 받을 것이라
라) 여호와여 내게 은혜를…

5. 시 42편에 나타나 있지 않은 것은 어느 것입니까?
가) 주를 찾는 갈급한 영혼
나) 하나님을 갈망하는 영혼
다) 물질적 풍요를 누리는 영혼
라) 낙망하고 불안한 영혼

6. 시 42편 5절의 내용과 같은 구절이 몇 절인지 42편과 43편에서 찾아 쓰고 다음 괄호를 채우시오.
– 시 42편 ( )절
– 시 43편 ( )절
– "너는 ( )께 ( )을 두라"

....
〈시 44~47〉

7. 시 44편에서 가장 많이 나오는 말은 어느 것입니까?
가) 조상
나) 우리를
다) 주께서
라) 구원

8. 시 45편에서 가장 많이 나타나고 가장 중요한 말을 한 글자로 쓰시오. ( )

9. 시 46~47편에 기록된 하나님(여호와)으로 옳지 않은 것은 어느 것입니까?
가) 이삭의 하나님

나) 아브라함의 하나님
다) 야곱의 하나님
라) 만군의 여호와

....
〈시 48~50〉

10. 하나님이 임재하시는 특별한 곳들 중 48편에 언급되어 있지 않은 것은 어느 것입니까?
가) 성(城)
나) 산(山)
다) 전(殿)
라) 강(江)

11. 다음 괄호에 들어갈 말을 찾아 쓰시오.
"하나님은 나를 영접하시리니 이러므로 내 (　　)을 스올의 권세에서 건져내시리로다"

12. 다음 괄호에 들어갈 말을 찾아 쓰시오.
– "나의 (　　)을 내 앞에 모으라 그들은 제사로 나와 언약한 이들이니라"
– "(　　)날에 나를 부르라 내가 너를 건지리니"

....
〈시 51~53〉

13. 시 51편에 대한 내용으로 옳지 않은 것은 어느 것입니까?
가) 죄악을 용서해 달라는 회개의 기도
나) 성령을 거두지 말라고 기도하는 다윗
다) 하나님이 구하시는 제사는 상한 심령이라는 고백
라) 하나님 앞에서 더 이상 회개할 필요가 없다는 확신

14. 시 52편을 쓴 기자가 의지하는 대상으로 옳지 않은 것은 어느 것입니까?
가) 재물의 풍부함
나) 주의 이름
다) 하나님의 인자하심
라) 하나님

15. 다음 중에서 하나님이 없다고 하는 자는 어떤 사람입니까?
가) 어리석은 자
나) 선을 행하는 자
다) 지각이 있는 자
라) 하나님을 찾는 자

....

〈시 54~56〉

16. 54편 3절의 '외인'은 누구를 말합니까?
가) 돕는 자
나) 주
다) 원수
라) 여호와

17. 어려울 때 성도가 해야 할 일을 가르쳐주는 구절로 볼 수 없는 것은 어느 것입니까?
가) "나는 하나님께 부르짖으리니"
나) "네 짐을 여호와께 맡기라"
다) "나는 주를 의지하리이다"
라) "날개가 있다면 날아가서 편히 쉬리로다"

18. 시 56편에서 가장 중심이 되는 내용은 어느 것입니까?
가) 하나님께 긍휼을 구하는 일

나) 하나님을 의지하는 마음
다) 하나님께 제사를 드리는 일
라) 하나님의 말씀을 찬송하는 마음

〈시 57~59〉

19. 시 57편에서 다윗이 하나님께 구하고 있는 것은 무엇입니까?
가) 긍휼
나) 부귀영화
다) 건강
라) 죽음

20. 시 58편에 나오는 동물이 아닌 것은 어느 것입니까?
가) 뱀
나) 사자
다) 비둘기
라) 달팽이

21. 시 59편에 나오지 않는 기도는 어느 것입니까?
가) "악을 행하는 모든 자들에게 은혜를 베풀지 마소서"
나) "그들을 죽이지 마옵소서"
다) "내 원수에게서 나를 건지시고…"
라) "저희를 높이소서"

제24주 (시편 60~82)

〈시 60~63〉

1. 시 60편의 내용을 다시 간추려 볼 때 다음 중 거리가 먼 것은 어느 것입니까?

가) 우리를 회복시켜 주시옵소서.
나) 하나님의 도우심이 없다 할지라도 우리는 승리하리이다.
다) 하나님이 함께 하실 때 우리는 용감히 싸울 수 있나이다.
라) 구원은 하나님께 있나이다.

2. 시 61편을 성도의 삶으로 적용할 때에 가장 가까운 것은 어느 것입니까?

가) 성도의 기도 → 하나님의 인도와 축복 → 성도의 찬양
나) 하나님의 인도와 축복 → 성도의 기도 → 성도의 찬양
다) 성도의 찬양 → 하나님의 인도와 축복 → 성도의 기도
라) 성도의 기도 → 성도의 찬양 → 하나님의 인도와 축복

3. 시 62~63편을 읽고 다음 중 가장 적합한 제목을 고르시오.

가) 하나님을 떠난 실패자
나) 하나님은 나의 창조자
다) 하나님은 나의 구원자
라) 하나님과 동행하는 자

〈시 64~66〉

4. 시편 64편은 어떤 사람이 여호와로 인하여 즐거워한다고 말합니까?

5. 시 65편을 통해서 알 수 있는 사실은 어느 것입니까?

가) 물질은 언제나 악한 것이다.
나) 구원받은 자는 물질의 복이 필요 없다.
다) 물질의 복은 반드시 성도를 교만하게 한다.
라) 하나님은 물질의 복도 풍성하게 주신다.

6. 다음 괄호에 들어갈 말을 찾아 쓰시오.
"내가 나의 마음에 (   )을 품었더라면 주께서 듣지 아니하시리라"

〈시 67~71〉

7. 시 67~68편에 묘사된 주님으로 옳지 않은 것은 어느 것입니까?
가) 날마다 우리의 짐을 지시는 주
나) 우리에게 말씀을 주시는 주
다) 우리를 굶주리게 하시는 주
라) 우리에게 복을 주시는 주
마) 우리에게 힘과 능력을 주시는 주
바) 흡족한 비를 주시는 주

8. 시 69편을 읽고 다음 중 가장 올바른 내용을 고르시오.
가) 의인이 고난당할 때 그의 믿음이 약해진다.
나) 주를 위해 의인이 고난당할 수 있다.
다) 의인이 고난당할 때 하나님은 악인 편이다.
라) 의인은 고난을 반드시 피해야 한다.

9. 한 노인의 신앙과 삶을 나타내 주는 71편의 내용과 거리가 먼 것은 어느 것입니까?
가) 영혼 구원을 위한 노인의 간절한 기도
나) 늙어 죽기 전에 즐겨야 할 세상
다) 어려서부터 평생을 주님과 동행하는 삶
라) 죽은 후 부활에 대한 확신

〈시 72~74〉

10. "온 땅에 그의 영광이 (　　　)할지어다 아멘 아멘"에 대한 내용으로 옳지 않은 것은 어느 것입니까?

가) 괄호에 들어갈 말은 '충만'이다.

나) 다윗의 기도다.

다) 그리스도 안에서 성취되었다(요 1:14).

라) 솔로몬의 기도다.

11. 시 73편을 지은 아삽에게 있어서 복은 어떤 것입니까?

가) 재물을 많이 가지는 것

나) 고난과 고통이 없는 삶

다) 하나님과 가까이 하는 것

라) 평범한 삶

12. 시 74편을 가장 잘 나타내는 말은 어느 것입니까?

가) 우리를 버리지 마옵소서.

나) 우리는 너무나 억울합니다.

다) 주는 천지를 주관하십니다.

라) 더 이상 주를 의지하지 않겠습니다.

〈시 75~77〉

13. 시 76편의 "주께서 하늘에서 판결을 선포하시매"라는 구절과 가장 적합한 하나님의 칭호를 시 75편에서 찾아 쓰시오.

14. 시 75~77편에 나타나는 인물에 해당되지 않는 사람은 누구입니까?

가) 아론

나) 모세

다) 야곱
라) 이삭
마) 요셉

15. 시 75~77편에 나타난 하나님에 대한 표현으로 옳지 않은 것은 어느 것입니까?
가) 유다에 알려진 분
나) 세상의 왕들을 두려워하시는 분
다) 기사를 행하시는 분
라) 백성을 양처럼 인도하시는 분

〈시 78~80〉

16. 78편에 대한 내용으로 옳지 않은 것은 어느 것입니까?
가) 하나님은 먹을 것을 구할 수 없는 광야에서도 백성이 먹을 양식을 풍족히 주셨다.
나) 백성은 하나님의 은혜를 잊어버리고 계속해서 죄를 지었다.
다) 하나님은 우상을 섬기는 이스라엘에 분을 내시고 사람 가운데 세우신 장막을 떠나셨다.
라) 하나님은 다른 지파들을 버리시고 에브라임 지파와 유다 지파를 택하셨다.

17. '주의 백성'과 같은 말이 아닌 것을 시 79편을 참고하여 고르시오.
가) 야곱
나) 주의 성도
다) 열방
라) 주의 기르시는 양

18. 시 80편에서 '포도나무'를 권고하시고 구원해 달라는 기도를 하는데 이 시편에서 '포도나무'는 무엇을 뜻합니까?

가) 이스라엘의 목자
나) 북쪽 이스라엘 및 남쪽 유다 백성
다) 요셉
라) 아삽

〈시 81~82〉

19. 시 81편을 읽고 다음 중 가장 거리가 먼 것을 고르시오.
가) 엘리야
나) 십계명
다) 유월절
라) 쉐마(들으라)

20. 시 81편에서 이스라엘의 능력되신 하나님이 그들에게 원하시는 것으로 맞지 않은 것은 어느 것입니까?
가) 하나님의 말씀을 듣는 것
나) 하나님의 도를 행하는 것
다) 하나님을 즐거이 찬송하는 것
라) 다른 신들에게도 절하는 것

21. 시 82편에 나타난 '하나님의 백성이 마땅히 해야 할 일'로 적합하지 않는 것은 어느 것입니까?
가) 선한 재판관처럼 공의를 행하는 일
나) 가난하고 궁핍한 자를 살피고 돕는 일
다) 힘 있는 악인보다 힘없는 사람들 편에 서는 일
라) 불공평한 판단에 익숙해지는 일

제25주 (시편 83~105)

〈시 83~85〉

1. 시 83편에서 '주께서 숨기신 자'가 의미하는 것은 무엇입니까?
가) 주의 원수
나) 주의 백성
다) 주의 광풍
라) 주의 폭풍

2. 시 84편에 나타나 있는 '복 있는 자'에 해당되지 않는 자는 어떤 사람입니까?
가) 주께 의지하는 자
나) 주의 집에 거하는 자
다) 주께 힘을 얻는 자
라) 주의 이름을 찾는 자

3. 시 85편 기자가 이 시편에서 간절히 바라는 하나님으로 옳지 않은 것은 어느 것입니까?
가) 좋은 것을 주시는 여호와
나) 구원을 베푸시는 여호와
다) 분노를 발하시는 여호와
라) 죄악을 사하시는 여호와

〈시 86~88〉

4. 다윗의 기도인 86편에 나타난 신앙고백으로 옳지 않은 것은 어느 것입니까?
가) "주만이 하나님이시니이다"

나) "신들 중에 주와 같은 자 없사오며"
다) "주는… 노하기를 급히 하시며… 인자와 진실이 부족하신 하나님이시오니"
라) "내 영혼을 깊은 스올에서 건지셨음이니이다"
마) "주는 나를 돕고 위로하시는 이시니이다"

5. "지존자가 친히 시온을 세우리라"에서 '시온'과 가장 거리가 먼 것은 어느 것입니까?
가) 교회
나) 영적 이스라엘
다) 시온 산성
라) 여호와의 민족들

6. 시 88편에서 응답에 대한 간구와 간구한 것에 대한 응답의 확신이 다음 중 순서대로 바르게 짝지어진 것은 어느 것입니까?
가) 2절 → 13절
나) 2절 → 9절
다) 13절 → 2절
라) 9절 → 2절

〈시 89~93〉

7. 시 89편을 읽고 하나님에 대해 가장 많이 사용되는 표현을 고르시오.
가) 공의로우시고 진노하시는 하나님
나) 성실하시고 인자하신 하나님
다) 거룩하시고 은혜로우신 하나님
라) 자비로우시고 진노하시는 하나님

8. 시 90편과 91편에 가장 어울리는 제목 하나를 고르시오.

가) 인생의 허무함과 비참함
나) 절망 속에 고통하는 인간과 희망 속에 기뻐하는 인간
다) 잃은 양을 찾으시는 목자와 사자를 잡는 용맹한 투사와 같은 주님
라) 덧없는 세상으로부터의 구원과 불안한 세상으로부터의 구원

9. 시 92편과 93편에서 각각 그려지는 하나님의 모습은 어느 것입니까?
가) 지존하시고 통치하시는 하나님
나) 인자하시고 정의로우신 하나님
다) 사랑이 많고 자비로우신 하나님
라) 심판하시고 질투하시는 하나님

〈시 94~96〉

10. 시 94편의 기자가 악인에 대해 하나님께 구하고 있는 것은 무엇입니까?
가) 용서
나) 사랑
다) 심판
라) 은총

11. 시 95편을 통해서 하나님의 백성에게 요구되는 세 가지를 알 수 있는데 다음 중 그 세 가지에 속하지 않는 것은 어느 것입니까?
가) 찬양
나) 감사
다) 경배
라) 시험

12. 하나님을 찬양해야 할 존재들로 시 96편에서 언급되지 않은 것은 어느 것입니까?

가) 만방의 족속들
나) 하늘과 땅과 바다의 모든 것들
다) 밭과 나무들과 온 땅
라) 만방의 모든 신

....

〈시 97~99〉

13. 주님을 사랑하는 자들이 해야 할 일과 그들을 위해 주님이 하실 일을 연결해서 언급한 내용을 시 97편에서 찾는다면 다음 중 어느 것입니까?
가) 주님을 찬송하는 일 : 악인을 심판하시는 일
나) 악을 미워하는 일 : 성도의 영혼을 보존하시고 악인의 손에서 건지시는 일
다) 여호와를 경배하는 일 : 유다의 딸들의 노래를 듣는 일
라) 하나님께 감사하는 일 : 의인들을 지키시고 상 주시는 일

14. 시 98편을 가장 잘 요약한 표현은 어느 것입니까?
가) 하나님의 백성이여 온 땅과 세계에 충만하고 번성하라.
나) 모든 노래와 악기로 여호와를 찬송하라.
다) 구원의 하나님을 찬송하라 그가 의로 심판하시리라.
라) 새 노래로 여호와께 찬송하라.

15. 시 99편에서 여호와를 찬송하고 경배할 것을 명령한 다음에 꼭 덧붙여 말하는 내용이 있는데 다음 중 어느 것입니까?
가) '그는 광대하시도다'
나) '그는 자비하시도다'
다) '그는 거룩하심이로다'
라) '그는 사랑하시도다'

〈시 100~102〉

16. 시 100편에 나타난 이스라엘의 하나님 여호와가 아닌 것은 어느 것입니까?

가) 창조자
나) 주인
다) 목자
라) 왕
마) 군대장관

17. 시 101편 8절의 '이 땅의 모든 악인"에 해당되지 않은 것을 101편을 읽고 고르시오.

가) 약한 자
나) 교만한 자
다) 거짓 행하는 자
라) 배노자

18. 시 102편의 내용으로 옳지 않은 것은 어느 것입니까?

가) 주의 종의 기도에 응답하시는 하나님
나) 시온 산과 예루살렘을 멸망케 하실 하나님
다) 용서와 구원을 베푸시는 하나님
라) 영원무궁하신 하나님

〈시 103~105〉

19. 다윗이 시 103편을 통해 인생과 하나님에 대해 말하는 것으로 옳지 않은 것은 어느 것입니까?

가) 덧없는 인생과 영원히 인자를 베푸시는 하나님
나) 찬송할 땅의 모든 존재와 찬송을 받으실 하늘의 하나님
다) 죄악으로부터 구원받아야 할 인간과 구원을 베푸시는 하나님

라) 하나님의 도움이 필요 없는 인생과 인생을 전혀 간섭치 않으시는 하나님

20. 시 104편의 내용으로 옳지 않은 것은 어느 것입니까?
가) 우주만물을 지으시고 다스리시는 하나님
나) 평생에 하나님을 찬양해야 할 하나님의 백성
다) 사람들과 동물들에게 먹을 것을 주시지만 먹기에 부족하게 주시는 하나님
라) 지혜와 영으로 창조의 일을 하신 하나님

21. 시 105편에 대한 내용으로 옳지 않은 것은 어느 것입니까?
가) 이스라엘이 애굽을 나갈 때 애굽 백성은 아쉬움 때문에 슬퍼했다.
나) 하나님은 이스라엘을 택하시고 구원하시고 인도하셨다.
다) 이스라엘은 여호와를 찬양하고 만민 중에 그를 선포해야 한다.
라) 이스라엘 백성은 하나님의 법을 따라 살아가야 한다.

제26주 (시편 106~128)

〈시 106~108〉

1. 시 106~108편(세 편)에 공통으로 나오는 것은 어느 것입니까?
가) 여호와께 감사하라
나) 구원
다) 영혼
라) 주의 사랑하는 자

2. 사람이 흑암과 사망의 그늘에 앉게 된 근본적인 이유를 시편은 무엇이라고 말합니까?

가) 우상을 섬겨서
나) 욕심 때문에 하나님의 은혜에 만족하지 못해서
다) 하나님을 찬송하지 않아서
라) 하나님의 말씀을 거역하고 뜻을 멸시해서

3. 하나님께서 그의 백성이 위경에 처했을 때 누구를 보내어 고치고 구하신다고 시편은 말해 주고 있습니까?
가) 제사장
나) 장로
다) 말씀
라) 선지자

〈시 109~111〉

4. 시 109편에 나타나 있는 것들 중에서 현재 다윗이 하고 있는 것에 포함되지 않은 것은 어느 것입니까?
가) 구제
나) 금식
다) 찬송
라) 기도
마) 저주
바) 감사

5. 시 110편에서 다윗이 말하는 '내 주'는 누구입니까?
(막 12:35~37 참고)

6. 육신의 양식은 물론 하나님의 언약인 영의 양식을 누리는 길로 가장 올바른 것은 어느 것입니까?
가) 정직하게 살고, 교회나 종교단체에 소속하여 교인이나 회원이 되는 일

나) 진실하고 정의로운 삶을 살며 윤리적으로 모범이 되며 사는 것
다) 지식을 많이 쌓아서 학식이 풍부해지도록 노력하고 성경 지식을 많이 쌓는 일
라) 여호와를 경외하는 것

〈시 112~118〉

7. 복이 있는 자는 어떤 사람인지 모두 고르시오.
가) 여호와를 의뢰하는 자
나) 여호와를 경외하는 자
다) 여호와의 계명을 즐거워하는 자
라) 욕심을 따라 사는 자

8. 시 113~118편에서 '복을 주시는 하나님'에 대해 노래한 시편 하나를 고르시오.

9. 다음 중 복음서에 나오는 말씀으로 예수님이 시편에서 그대로 인용하신 말씀은 어느 것입니까?
가) 113:4, "여호와는 모든 나라보다 높으시며 그 영광은 하늘보다 높으시도다"
나) 114:2, "유다는 여호와의 성소가 되고 이스라엘은 그의 영토가 되었도다"
다) 116:13, "내가 구원의 잔을 들고 여호와의 이름을 부르며"
라) 118:22, "건축자의 버린 돌이 집 모퉁이의 머릿돌이 되었나니"

〈시 119〉

10. 다음에 들어갈 말을 찾아 쓰시오.
"(　　　)당하기 전에는 내가 그릇 행하였더니 이제는 (　　　　)을 지키나이다"

11. 다음 중 시 119편에 표현된 '여호와의 말씀'에 대한 12가지 표현에 해당되지 않은 것은 어느 것입니까?

가) 법, 규례

나) 증거, 약속

다) 성경, 두루마리

라) 율례, 법도

마) 말씀, 진리

바) 길, 도

사) 계명, 율법

12. 시 119편에서 시인이 미워하는 세 가지에 포함되지 않는 것은 어느 것입니까?

가) 거짓

나) 말씀을 주야로 묵상하지 않는 자

다) 모든 거짓 행위

라) 두 마음 품는 자

〈시 120~122〉

13. 다음 괄호에 들어갈 말을 찾아 쓰시오.

"내가 환난 중에 여호와께 부르짖었더니 내게 (   )하셨도다"

14. 시 121편에서 표현된 '지키시는' 하나님이 지키시는 것들로 옳지 않은 것은 어느 것입니까?

가) (하나님을 믿는) 나

나) 이스라엘

다) 나의 산/땅

라) 나의 영혼

마) 나의 출입

15. 여호와의 집(성전)이 있고 다윗의 보좌가 있는 곳은 어디입니까?

〈시 123~125〉

16. 시 123~125편에 묘사된 하나님으로 옳지 않은 것은 어느 것입니까?

가) 하늘에 계신 주

나) 천지를 지으신 여호와

다) 백성을 영원토록 보호하시는 여호와

라) 이스라엘 편에 계시지 않는 여호와

17. 시 123편의 내용을 읽고 하나님께 무엇을 구하는 것인지 고르시오.

가) 긍휼

나) 평강

다) 복

라) 심판

18. 시 124~125편에서 3회 이상 반복되는 말에 포함되지 않은 것은 어느 것입니까?

가) 우리를

나) 영혼

다) 이스라엘

라) 여호와

〈시 126~128〉

19. 여호와로부터 특별히 얻는 것들 중 세 가지를 126, 127, 128편에서 각각 하나씩 순서대로 알맞게 나열한 것은 어느 것입니까?

가) 꿈, 태의 열매, 아내

나) 눈물, 자식, 포도나무

다) 웃음, 떡, 감람나무
라) 기쁨, 잠, 복

20. 시 128편의 내용으로 볼 때 다음 중 가장 거리가 먼 것은 어느 것입니까?
가) 자식이 많아 수고와 근심이 많은 가정
나) 여호와를 경외하는 가정
다) 하나님이 사랑하시는 가정
라) 영육 간에 복을 누리는 가정

21. 많을수록 좋은 것들에 대해 잘못 짝지은 것을 고르시오.
가) 126편 : 웃음, 찬양, 기쁨
나) 127편 : 자식
다) 128편 : 복
라) 128편 : 아내

제27주 (시편 129~잠언 1)

〈시편 129~131〉

1. '시온을 미워하는 자'는 어떤 사람을 말합니까?
가) 이스라엘
나) 악인
다) 베는 자
라) 묶는 자

2. 시 130편 6절의 의미로 가장 적합한 것은 어느 것입니까?
가) 참지 못해 안달함

나) 파수꾼처럼 잠을 안 자고 있음
다) 주를 향한 간절함
라) 기다림에 지쳤음

3. 시 131편과 어울리지 않는 것은 어느 것입니까?
가) 겸손
나) 어미와 젖먹이에 비유되는 하나님과 성도의 관계
다) 여호와를 의지해야 할 이스라엘
라) 교만한 자의 형통

〈시 132~134〉

4. 시 132편에 나오는 '뿔'이 가리키는 것은 무엇입니까?
가) 내 기름 부음 받은 자
나) 원수
다) 다윗
라) 왕관

5. 여호와가 신앙의 공동체(교회)에 말씀으로 주신 복은 무엇입니까?

6. 하나님을 송축하는 자들에게 주어지는 것은 무엇입니까?

〈시 135~139〉

7. 다음 중 하나님의 백성에게 요구되는 것으로 시 135~136편에 나타나 있지 않은 것은 어느 것입니까?
가) 여호와를 송축하는 일
나) 여호와께 감사하는 일
다) 여호와를 찬송하는 일
라) 여호와께 제사지내는 일

8. 시 137편을 통해 알 수 있는 것은 무엇입니까?
가) 이스라엘 백성이 포로로 잡혀갔음
나) 에돔 사람들이 포로로 잡혀갔음
다) 이스라엘은 바벨론 생활에 만족함
라) 이스라엘은 시온을 기억치 못했음

9. 시 138~139편에 나오는 구절이 아닌 것은 어느 것입니까?
가) "여호와께서는… 멀리서도 교만한 자를 아심이니이다"
나) "주께서 내 내장을 지으시며 나의 모태에서 나를 만드셨나이다"
다) "여호와께서 자기를 위하여 야곱 곧 이스라엘을 자기의 특별한 소유로 택하셨음이로다"
라) "주께서 내가 앉고 일어섬을 아시고"

〈시 140~142〉

10. 다음 괄호에 들어갈 말을 찾아 쓰시오.
"내 (   )의 능력이신 주 여호와여"

11. 시 141~142편에 나오는 '손드는 것', '간구', '부르짖음'과 같은 말은 무엇을 뜻합니까?

12. 다음 괄호에 들어갈 말을 찾아 쓰시오.
"내 영이 내 속에서 상할 때에도 주께서 내 (   )을 아셨나이다"

〈시 143~145〉

13. 다음 괄호에 들어갈 말을 찾아 쓰시오.
"아침에… 주의 인자한 말씀을 듣게 하소서… 내가 다닐 (   )을 알게 하소서"

14. 다음 괄호에 들어갈 말을 찾아 쓰시오.
"여호와여 (   )이 무엇이기에 주께서 그를 알아주시며 (   )이 무엇이기에 그를 생각하시나이까"

15. 여호와를 찬양해야 할 이유에 해당되는 것을 시 145편을 읽고 모두 고르시오.
가) 여호와는 광대하신 능력을 가지셨으므로
나) 여호와는 이스라엘의 하나님이시기에
다) 여호와는 모든 것을 창조하셨으므로
라) 여호와는 구원자이시기에

....
〈시 146~148〉

16. 시 146편의 내용으로 옳지 않은 것은 어느 것입니까?
가) 방백들이나 인생을 의지하지 말아야 함
나) 여호와께 소망을 두는 자는 복이 있음
다) 여호와는 과부와 고아를 버려두심
라) 여호와는 소경의 눈을 열어주심

17. 시 147편에서 여호와께서는 어떤 사람을 붙드신다고 말합니까?

18. 시 148편의 내용과 거리가 먼 것은 어느 것입니까?
가) 하나님은 말씀으로 세상을 지으셨다.
나) 하나님은 상심한 자를 고치시고 상처를 싸매주신다.
다) 여호와의 이름은 누가 높이기 때문에 높은 것이 아니라 홀로 높은 이름이다.
라) 세상의 모든 사람들이 여호와를 찬양해야 한다.

〈시 149~잠 1〉

19. 여호와께서 겸손한 자를 무엇으로 아름답게 하십니까?

20. 다음 괄호에 들어갈 말을 찾아 쓰시오.
"(　　　)이 있는 자마다 여호와를 찬양할지어다 할렐루야"

21. 다음 괄호에 들어갈 말을 찾아 쓰시오.
"여호와를 경외하는 것이 (　　　　)이거늘 미련한 자는 지혜와 훈계를 멸시하느니라"

제28주 (잠언 2~24)

〈잠 2~4〉

1. 잠 2장에서 가장 자주 등장하는 단어는 어느 것입니까?
가) 지혜
나) 길
다) 악인
라) 정직

2. 어떻게 하면 창고가 가득히 차고 즙 틀에 새 포도즙이 넘칠 것이라고 약속합니까?
가) 인자와 진리를 마음 판에 새기면
나) 여호와의 법을 잊어버리지 않으면
다) 재물과 소산물의 처음 익은 열매로 여호와를 공경하면
라) 완전한 지혜와 근신을 지키면

3. 다음 괄호에 들어갈 말을 찾아 쓰시오.
   "(　　　)가 제일이니 (　　　)를 얻으라"

〈잠 5~7〉

4. 잠 5장에 나오는 '우물' 또는 '샘'이 뜻하는 것은 무엇입니까?

가) 말씀
나) 지혜
다) 생수
라) 아내

5. 잠 6장에 나오는 여호와께서 싫어하시는 것 6~7가지 중에 포함되지 않은 것은 어느 것입니까?

가) 게으름
나) 교만
다) 거짓
라) 이간질

6. 잠 7장이 말하는 음녀의 유혹에 넘어간 자는 어떤 사람입니까?

가) 어리석고 지혜 없는 자
나) 지혜로운 자
다) 하나님의 명령을 따르는 자
라) 의로운 자

〈잠 8~12〉

7. 잠 8~9장을 읽고 '지혜의 근본'과 '악을 미워하는 것'이 무엇인지 찾아 쓰시오.

8. 잠 10~11장에서 가장 많이 비교되는 것은 어느 것입니까?

가) 삶과 죽음
나) 하나님과 사람
다) 의인과 악인
라) 사랑과 미움

9. 다음 괄호에 들어갈 말을 찾아 쓰시오.
"공의로운 길에 ( )이 있나니 그 길에는 ( )이 없느니라"

〈잠 13~15〉

10. 잠 13장에서 서로 비교되는 짝으로 옳지 않은 것은 어느 것입니까?
가) 신실한 증인 : 참된 증인
나) 충성된 사신 : 악한 사자
다) 계명을 두려워하는 자 : 말씀을 멸시하는 자
라) 슬기로운 자 : 미련한 자

11. 다음 괄호에 들어갈 말을 찾아 쓰시오.
"여호와를 경외하는 것은 ( )이니 사망의 그물에서 벗어나게 하느니라"

12. 다음 괄호에 들어갈 말을 찾아 쓰시오.
"여호와는 악인을 멀리하시고 의인의 ( )를 들으시느니라"

〈잠 16~18〉

13. 다음 중 16장에 없는 말은 어느 것입니까?
가) "어떤 길은 사람의 보기에 바르나 필경은 사망의 길이니라"
나) "사람이 마음으로 자기의 길을 계획할지라도 그의 걸음을 인도하시는 이는 여호와시니라"
다) "악인의 제사는 여호와께서 미워하셔도 정직한 자의 기도는 그가 사

랑하시느니라"

라) "너의 행사를 여호와께 맡기라 그리하면 네가 경영하는 것이 이루어지리라"

14. 사람의 마음을 연단하는 것은 무엇입니까?

가) 심령의 근심

나) 사랑

다) 여호와

라) 악인

15. 다음 괄호에 들어갈 말을 찾아 쓰시오.

"사람의 (   )은 그의 병을 능히 이기려니와 (   )이 상하면 그것을 누가 일으키겠느냐"

〈잠 19~21〉

16. 다음 중 잘못 짝지어진 것은 어느 것입니까?

가) 지혜를 얻는 자 : 자기 영혼을 사랑함

나) 계명을 지키는 자 : 자기 영혼을 지킴

다) 명철을 지키는 자 : 복을 얻음

라) 여호와를 경외하는 자 : 재앙을 당함

17. 잠 20장의 가르침이 아닌 것은 어느 것입니까?

가) 세상에 있는 금과 진주보다 더 귀한 보배는 지혜를 말하는 입이다.

나) 사람에게 생명을 주는 것은 여호와를 경외하도록 하는 것이다.

다) 사람의 눈과 귀를 지으신 분은 여호와요 사람의 걸음조차도 여호와께로 말미암은 것이다.

라) 저울을 속이며 부당이득을 취하는 것은 하나님이 미워하시는 죄악이다.

18. 잠 21장에 있는 구절이 아닌 것은 어느 것입니까?

가) "지혜로도 못하고, 명철로도 못하고, 모략으로도 여호와를 당하지 못하느니라"

나) "명철의 길을 떠난 사람은 사망의 회중에 거하리라"

다) "함부로 이 물건은 거룩하다 하여 서원하고 그 후에 살피면 그것이 그 사람에게 덫이 되느니라"

라) "눈이 높은 것과 마음이 교만한 것과 악인의 형통한 것은 다 죄니라"

〈잠 22~24〉

19. 잠 22장을 읽고 겸손함으로써 여호와를 경외할 때 얻는 것들과 거리가 먼 것을 고르시오.

가) 재물

나) 자식

다) 영광

라) 생명

20. 잠 23장의 교훈이 아닌 것은 어느 것입니까?

가) 자식을 엄하게 훈계하라.

나) 부자가 되려고 애쓰지 말라.

다) 죄인의 형통을 부러워 말라.

라) 술을 즐겨 하는 자와 고기를 탐하는 자와 사귀라.

21. 잠 24장의 내용으로 옳지 않은 것은 어느 것입니까?

가) 악인을 옳다고 판결하는 재판관은 백성의 저주와 미움을 받는다.

나) 의인은 일곱 번 넘어질지라도 다시 일어난다.

다) 송이 꿀(지혜)을 먹는 자는 소망이 끊어지지 않는다.

라) 부모를 즐겁고 기쁘게 해드려야 한다.

제29주 (잠언 25~아가 5)

〈잠 25~27〉

1. 잠 25장의 내용으로 옳지 않은 것은 어느 것입니까?
가) 남의 은밀한 일을 누설하지 말 것
나) 경우에 합당한 말을 할 것
다) 이웃집에 너무 자주 다니지 말 것
라) 때로는 악인 앞에 굴복할 것

2. 잠 26장에서 가장 많이 언급된 순서로 나열된 것은 어느 것입니까?
가) 게으른 자 → 미련한 자 → 거짓말하는 자 → 함정을 파는 자
나) 게으른 자 → 거짓말하는 자 → 미련한 자 → 자기가 해한 자
다) 미련한 자 → 게으른 자 → 술 취한 자 → 남의 말 하기를 좋아하는 자
라) 미련한 자 → 개의 귀를 잡는 자 → 게으른 자 → 지나가는 행인

3. 잠 27장의 내용으로 옳지 않은 것은 어느 것입니까?
가) 칭찬은 사람을 단련한다.
나) 무화과나무를 지키는 자는 그 과실을 먹는다.
다) 미련한 자는 쉽게 미련을 벗는다.
라) 친구의 충성된 권고는 아름다운 것이다.

〈잠 28~31〉

4. 잠 28장의 내용으로 옳지 않은 것은 어느 것입니까?
가) 하나님의 말씀을 듣지 않는 사람의 기도는 가증한 것이다.
나) 가난한 자를 구제하면 궁핍해지므로 못 본 체해야 한다.
다) 자기의 죄를 숨기는 자는 형통치 못한다.

라) 율법을 버린 자는 악인을 칭찬한다.

5. 잠 29장의 내용으로 옳은 것은 어느 것입니까?

가) 사람의 일의 작정은 여호와께로 말미암는다.

나) 종은 어릴 때부터 곱게 양육해야 한다.

다) 지혜로운 자는 노를 억제하지 않고 푸는 자다.

라) 사람이 교만하면 높아지게 된다.

6. 잠 30~31장에 나오는 사람들에 대한 반대편 짝으로 옳지 않은 것은 어느 것입니까?

가) 음녀 : 여호와를 경외하는 여자

나) 거짓말하는 자 : 외모가 곱고 아름다운 여자

다) 미움 받는 여자 : 현숙한 여인

라) 거머리 같은 사람의 딸 : 남편에게 선을 행하고 부지런히 일하는 여자

〈전 1~5〉

7. 전 1~2장에서 가장 많이 강조되는 말(모두 10회 이상 나옴)이 아닌 것은 어느 것입니까?

가) 헛되다

나) 수고

다) 지혜

라) 세대

마) 해

8. 전 3~4장의 내용으로 옳지 않은 것은 어느 것입니까?

가) 사람은 모든 일의 때를 정확히 알 수 있다.

나) 인생의 혼은 위로 올라가고 짐승의 혼은 아래로 내려간다.

다) 인생은 허무하다.

라) 사람에게는 영원을 사모하는 마음이 있다.

9. '인생은 공수래 공수거'(빈손으로 왔다가 빈손으로 가는 것이 인생)라는 말과 같은 표현은 몇 장 몇 절에 있습니까?

〈전 6~8〉

10. 전 6장에 나오는 '그림자'가 뜻하는 것은 무엇입니까?
가) 사람의 수고
나) 심령의 공상
다) 헛된 인생을 보내는 사람
라) 어두움

11. 전도자가 깨달은 것으로 옳지 않은 것은 어느 것입니까?
가) 초상집에 가는 것이 잔칫집에 가는 것보다 배울 것이 더 많다.
나) 사람은 원래 정직하게 지음 받았다.
다) 하나님을 기뻐하는 자는 '사망보다 더 쓴 여인'을 피한다.
라) 일은 시작이 중요하다.

12. 전 8장을 읽고 다음 중 옳은 것을 고르시오.
가) 하나님을 경외하는 자는 왕의 명령을 지키지 않아도 된다.
나) 하나님은 악한 일에 대해 속히 징벌하신다.
다) 하나님을 경외하는 자는 잘될 것이다.
라) 지혜자는 하나님의 모든 행사를 깨달을 수 있다.

〈전 9~11〉

13. 전 9장의 내용으로 옳지 않은 것은 어느 것입니까?
가) 인생의 마음에 악이 가득하여 미친 마음을 품다가 죽은 자에게로 돌아간다.

나) 산 자는 죽을 줄을 알지만 죽은 자는 아무것도 모른다.
다) 지혜자의 작은 소리가 우매한 자들의 호령보다 낫다.
라) 사람이 사람을 주장하여 해롭게 하는 때가 있다.

14. 전 10장에 나오는 동물이 아닌 것은 어느 것입니까?
가) 사슴
나) 새/날짐승
다) 말
라) 파리
마) 뱀

15. 전 11장의 내용으로 옳지 않은 것은 어느 것입니까?
가) 하나님은 만사를 성취하시는 분이다.
나) 어릴 때와 청년 때일수록 악을 멀리하고 하나님을 가까이 해야 한다.
다) 남을 위해 베풀고 살면 나중에 복을 받고 재앙을 피한다.
라) 어릴 때와 청년 때일수록 하고 싶은 것을 마음껏 해야 한다.

〈전 12~아 2〉

16. 전 12장에서 전도자가 가르치는 중요한 교훈들로 옳지 않은 것은 어느 것입니까?
가) 사람의 본분은 하나님을 경외하고 그 명령을 지키는 것이다.
나) 사람이 살아가는데 있어서 하나님의 말씀보다는 세상의 공부가 더 중요하다.
다) 청년의 때일수록 창조자 하나님을 기억해야 한다.
라) 몸(흙)은 땅으로 돌아가고 신(영혼)은 하나님께로 돌아간다.

17. 아 1장에 나오는 등장인물이 아닌 것은 어느 것입니까?
가) 신부

나) 예루살렘 여자들
다) 신랑신부의 부모
라) 신랑(솔로몬)

18. '가시나무 가운데 백합화'와 '수풀 가운데 사과나무'가 각각 뜻하는 것은 무엇입니까?
가) 신랑과 신부
나) 신부와 신랑
다) 노루와 사슴
라) 비둘기와 여우

〈아 3~5〉

19. 아 3장 앞부분에 나오는 꿈 내용은 신랑과 신부 중 누구의 꿈입니까?

20. 아 4장은 신랑과 신부 중 누구의 노래입니까?

21. 신랑이 신부에 대하여 표현하는 말이 아닌 것은 어느 것입니까?
가) 심히 달콤한 입을 가진 사람
나) 나의 비둘기
다) 여자들 가운데에 어여쁜 자
라) 나의 완전한 자

제30주 (아가 6~이사야 20)

〈아 6~8〉

1. 신부의 외모에 비유되는 것으로 옳지 않은 것 두 가지는 무엇입니까?

가) 디르사
나) 예루살렘
다) 길르앗
라) 합환채

2. 아 7장에서 묘사된 신부의 외모를 통해서 알 수 있는 것이 아닌 것은 어느 것입니까?

가) 신부의 몸 아래서부터 위를 향해 보면서 묘사하고 있다.
나) 신부의 앞모습을 보면서 조목조목 묘사하고 있다.
다) 신부의 뒷모습에 신랑이 감탄하고 있다.
라) 신부의 신체 중에서 귀가 묘사되어 있지 않다.

3. 아 8장의 '노루' 또는 '사슴'이 뜻하는 것으로 옳지 않은 것은 어느 것입니까?

가) 신부
나) 솔로몬
다) 그리스도
라) 신랑

〈사 1~3〉

4. 사 1장의 내용으로 옳지 않은 것은 어느 것입니까?

가) 아비에게 불효막심한 자식 같은 이스라엘 백성

나) 여호와는 많은 제물을 원하신다.
다) 참된 예배는 없어지고 형식만 지키는 이스라엘 백성
라) 여호와를 버린 자는 멸망하고 돌아온 자(회개한 자)는 구속을 얻을 것이다.

5. 이스라엘 백성은 무엇을 의지해야 합니까?
가) 인생
나) 우상
다) 은과 금
라) 여호와의 말씀

6. 사 3장의 내용으로 옳지 않은 것은 무엇입니까?
가) 의인들은 그 행한 대로 열매를 먹는다.
나) 여자들은 선을 행했으나 남자들은 악을 행했다.
다) 시온(예루살렘)이 심판을 받을 것이다.
라) 교만과 정욕과 허영의 삶을 추구하는 자들이 수치를 당할 것이다.

〈사 4~7〉

7. 다음 중 사 4~5장에 대한 내용으로 옳지 않은 것은 어느 것입니까?
가) 4장은 이스라엘에 대한 하나님의 사랑을 나타낸다.
나) 5장은 이스라엘의 죄를 심판하실 하나님의 공의(또는 심판)를 나타낸다.
다) 포도원은 이스라엘 백성을 뜻한다.
라) 들포도는 이스라엘이 죄를 짓도록 만든 이방인들을 뜻한다.

8. 사 6장을 통해 알 수 있는 것과 거리가 먼 것은 어느 것입니까?
가) 온 땅은 여호와의 영광으로 충만하지만 죄인들은 그것을 보지 못한다.
나) "내가 여기 있나이다 나를 보내소서"라고 한 사람은 웃시야다.

다) "거룩한 씨"는 하나님의 특별한 선택을 받은 자들이다.
라) 죄사함을 받은 자가 하나님의 사명을 감당할 수 있다.

9. 사 7장에 예언된 예수 그리스도의 다른 이름은 무엇입니까?

〈사 8~11〉

10. 그리스도나 여호와를 뜻하는 말이나 호칭이 아닌 것 두 가지를 사 8~9장을 읽고 고르시오.
가) 임마누엘
나) 평강의 왕
다) 걸림돌
라) 불에 섶
마) 종려나무 가지

11. 사 10장의 내용으로 보아 여호와께 심판을 받아 멸망하게 될 나라는 어떤 나라입니까?
가) 앗수르
나) 바벨론
다) 애굽
라) 바사

12. 사 11장의 '한 싹'이 가리키는 것으로 옳지 않은 것은 어느 것입니까?
가) 메시야
나) 그리스도
다) 예수
라) 다윗

〈사 12~14〉

13. 사 12장의 내용으로 옳지 않은 것은 어느 것입니까?

가) 여호와를 찬송할 이유는 극히 아름다운 일을 행하셨기 때문이다.

나) 극히 아름다운 일은 '구원'이다.

다) '구원'하신 하나님을 이스라엘 백성만 알도록 해야 한다.

라) 구원받은 자가 자신에 대해 누릴 것은 '기쁨'이고, 하나님께 드릴 것은 '감사'와 '찬송'이며, 다른 사람을 향해 할 일은 하나님에 대한 '선포'다.

14. 사 13장에서 심판이 예언된 나라를 찾아 쓰시오.

15. 사 14장 12~15절과 25절에 나타난 '하나님의 심판 대상'으로 거리가 먼 것은 어느 것입니까?

가) 공중 권세(세상 권세)를 잡은 사탄

나) 교만한 바벨론 왕

다) 이스라엘 백성을 괴롭히는 앗수르 사람들

라) 고통의 멍에를 매고 수고의 짐을 진 하나님의 자녀들

〈사 15~17〉

16. 사 15장 9절의 '사자를 보내리라'가 뜻하는 것이 무엇입니까?

가) 구원자를 보내겠다.

나) 심판을 확실히 하겠다.

다) 심부름을 할 사람을 보내겠다.

라) 굶주린 사자를 보내 겁을 주겠다.

17. 다음 괄호에 들어갈 말을 찾아 쓰시오.

"(　　　)이 그 산당에서 피곤하도록 봉사하며 (　　　) 성소에 나아가서 (　　　)할지라도 (　　　)없으리로다"

18. 다음 괄호에 들어갈 말을 찾아 쓰시오.

"그 날에 사람이 (   )를 바라보겠으며…"

〈사 18~20〉

19. 사 18~20장에 나오는 심판 받을 나라(민족)가 아닌 것은 어느 것입니까?

가) 구스

나) 애굽

다) 바벨론

20. 사 19장 23~25절의 뜻으로 가장 올바른 것을 19장 전체를 읽고 고르시오.

가) 여호와의 날에 이스라엘과 애굽과 앗수르만 하나님이 복을 받을 것이다.

나) 여호와의 날에 이스라엘은 물론 이방인들도 하나님께 돌아올 것이다.

다) 이스라엘과 애굽과 앗수르는 항상 세계를 지배할 것이다.

라) 이스라엘과 애굽과 앗수르가 심판을 받을 때 절반만 받고 나머지 절반은 구원받을 것이다.

21. 사 20장 6절이 의미하는 것과 거리가 먼 것은 어느 것입니까?

가) 힘 있는 사람이나 힘 있는 나라는 진정으로 의지할 존재가 아니다.

나) 하나님 앞에서는 그 어떤 강한 사람이나 나라도 한순간에 무너질 수 있다.

다) 힘 있고 찬란한 나라 구스와 애굽도 한순간에 벗은 몸, 벗은 발로 끌려갈 수 있다.

라) 의지하던 애굽과 구스가 힘을 잃으면 이제는 그들보다 강한 앗수르를 의지하면 된다.

제31주 (이사야 21~43)

〈사 21~23〉

1. 사 21장에서 이사야에 의해 멸망이 예고된 대상으로 옳지 않은 것은 어느 것입니까?

가) 해변 광야(바벨론)

나) 두마(에돔)

다) 아라비아

라) 애굽

2. 사 22장의 내용으로 옳지 않은 것은 어느 것입니까?

가) 국고를 맡았고 자신의 지위를 이용해 호화로운 묘실을 판 셉나에 대한 심판 예언

나) 어차피 죽는 것이기에 술과 고기로 실컷 즐기다가 죽자고 한 예루살렘 사람들

다) 하나님은 이사야의 귀에 직접 심판에 대한 말씀을 주셨다.

라) 22절의 말씀은 오직 '엘리야김'에게만 해당하는 말씀이다(계 3:7 참고).

3. 사 23장에 나오는 심판의 대상(베니게)을 지칭하는 말로 옳지 않은 것은 어느 것입니까?

가) 애굽

나) 두로

다) 시돈

라) 면류관을 씌우던 자

〈사 24~26〉

4. 세상 모든 사람들이 하나님의 심판을 받게 되는 이유를 가장 잘 나타내는 구절은 몇 절입니까?

5. 사 25장에 나타난 내용과 가장 거리가 먼 것은 어느 것입니까?

가) 구원의 기쁨
나) 악인의 승리
다) 감사의 찬양
라) 공의의 심판

6. 사 26장의 내용으로 옳지 않은 것은 어느 것입니까?

가) 주를 의뢰한 자들이 부활할 것이다.
나) 주를 의뢰하는 자는 하나님이 평강에 평강으로 지키신다.
다) 악인(택함 받지 못한 사람)이 은총을 입으면 의를 배우게 된다.
라) 주의 백성은 환난 중에 주를 앙모하고 징벌이 임할 때 간절히 기도했었다.

〈사 27~31〉

7. 리워야단, 뱀, 그리고 용이 무엇을 뜻하는지 27장을 읽고 다음 중에서 고르시오.

가) 아세라와 태양상
나) 애굽
다) 사탄
라) 천사장

8. 사 28~29장을 읽고 다음 괄호에 들어갈 말을 채우시오.

– "내가 한 (　　　)을 시온에 두어 기초를 삼았노니… 그것을 (　　　)는 다급하게 되지 아니하리로다"

– "그 날에 못 듣는 사람이 (   )의 말을 들을 것이며 어둡고 캄캄한 데에서 맹인의 눈이 볼 것이며"

9. 사 30~31장에 나오는 말씀이 아닌 것은 어느 것입니까?
가) "새가 날개 치며 그 새끼를 보호함같이 나 만군의 여호와가 예루살렘을 보호할 것이라"
나) "그 날에 만군의 여호와께서 자기 백성의 남은 자에게 영화로운 면류관이 되시며 아름다운 화관이 되실 것이라"
다) "여호와는 정의의 하나님이심이라 그를 기다리는 자마다 복이 있도다"
라) "애굽은 사람이요 신이 아니며 그들의 말들은 육체요 영이 아니니라"

〈사 32~34〉

10. 다음 괄호에 들어갈 말을 찾아 쓰시오.
"마침내 위에서부터 (   )을 (   )에게 부어 주시리니…"

11. 사 33장에서 여호와를 가리켜 말한 것들로 옳지 않은 것은 어느 것입니까?
가) 우리의 왕
나) 우리의 예루살렘
다) 우리 재판장
라) 우리의 팔
마) 우리의 구원

12. 다음은 무엇을 의미하는 것입니까?
– 여호와의 칼, 하늘의 만상이 사라짐, 여호와께서 보복하시는 날
가) 하나님의 자비
나) 하나님의 사랑
다) 하나님의 용서

라) 하나님의 심판

....
〈사 35~37〉

13. 사 35장을 한 단어로 나타낸다면 어떤 말이 가장 적절합니까?
가) 구속(구원)
나) 소경
다) 슬픔
라) 심판

14. 사 36장의 내용으로 옳지 않은 것은 어느 것입니까?
가) 앗수르 군대를 이끌고 온 랍사게에게 유다의 높은 사람들이 조롱을 당했다.
나) 랍사게를 만난 유다의 대표들이 유다 백성이 알아듣지 못하도록 유다이 대신에 아람어로 말해 달라고 부탁했다.
다) 랍사게는 아람어로 그들과 백성에게 유다 왕 히스기야의 말을 듣지 말라고 했다.
라) 유다 대표들은 랍사게의 말을 듣고 나서 옷을 찢었다.

15. 사 37장에 나오는 히스기야 기도 속에 나타나 있지 않은 것은 어느 것입니까?
가) 유일신 하나님
나) 창조주 하나님
다) 살아 계시는 하나님
라) 사랑의 하나님

....
〈사 38~40〉

16. 히스기야가 병들어 하나님께 기도하며 심히 통곡한 후 일어난 일들로 옳지 않은 것은 어느 것입니까?

가) 글을 지어 감사와 찬양을 했다.
나) 15년의 수명 연장을 응답받았다.
다) 일영표(해시계)에 있는 해 그림자가 멈췄다.
라) 이사야 선지자로부터 처방을 받았다.

17. 사 39장의 내용으로 옳지 않은 것은 어느 것입니까?
가) 왕은 히스기야를 찾은 바벨론 사자들에게 궁중은 물론 전국의 모든 무기, 보물, 은금 및 값진 것들을 보여주면서 자신을 과시했다.
나) 이사야 선지자는 왕의 행동을 이해했고 죄라고 여기지 않았다.
다) 이사야 선지자는 왕의 행동에 대한 하나님의 심판을 예언했다.
라) 히스기야 왕은 회개는커녕 그래도 죽기 전까지는 평안하고 안전할 것이라고 믿었다.

18. 사 40장의 말씀이 아닌 것은 어느 것입니까?
가) "오직 여호와를 앙망하는 자는 새 힘을 얻으리니… 피곤하지 아니하리로다"
나) "그는 목자같이 양 떼를 먹이시며 어린 양을 그 팔로 모아 품에 안으시며"
다) "여호와의 영광이 나타나고 모든 육체가 그것을 함께 보리라"
라) "주께서 내 영혼을 사랑하사 멸망의 구덩이에서 건지셨고 내 모든 죄를 주의 등 뒤에 던지셨나이다"
마) "외치는 자의 소리여 이르되 너희는 광야에서 여호와의 길을 예비하라"
바) "풀은 마르고 꽃은 시드나 우리 하나님의 말씀은 영영히 서리라"

〈사 41~43〉

19. 사 41장의 내용으로 옳지 않은 것은 어느 것입니까?
가) 우상 숭배의 헛됨을 말씀하시는 하나님
나) 이스라엘 백성과 함께 하실 것을 약속하신 하나님

다) 이스라엘을 버리시는 하나님
라) 버러지 같은 야곱을 구원하시는 하나님

20. 사 42장에 누가 예언되어져 있는지 마태복음 12장 9~21절을 읽고 찾아 쓰시오.

21. 사 43장에 나오는 다음 내용들이 몇 절인지 찾아 쓰시오.
가) “이 백성은 내가 나를 위하여 지었나니 나를 찬송하게 하려 함이니라” (　　절)
나) “내가 너를 구속하였고 내가 너를 지명하여 불렀나니 너는 내 것이라” (　　절)
다) “나 곧 나는 여호와라 나 외에 구원자가 없느니라” (　　절)
라) “나 곧 나는 나를 위하여 네 허물을 도말하는 자니 네 죄를 기억하지 아니하리라” (　　절)
마) “내 이름으로 불려지는 모든 자 곧 내가 내 영광을 위하여 창조한 자를 오게 하라”(　　절)

제32주 (이사야 44~66)

〈사 44~46〉

1. 여호와께서 ‘내 목자’라고 하셨을 때 ‘목자’는 누구입니까?
가) 이사야
나) 예레미야
다) 고레스
라) 야곱

2. 사 45장에 나타난 하나님에 대한 표현들 중에서 45장에 없는 것 두

가지는 무엇입니까?

가) 기도를 들으시는 하나님

나) 구원을 베푸시는 하나님

다) 스스로 숨어 계시는 하나님

라) 이스라엘의 하나님

마) 하늘을 창조하신 하나님

바) 유일하신 하나님

3. 사 46장에 없는 말은 어느 것입니까?

가) "구원을 시온에 베풀리라"

나) "나는 하나님이라"

다) "계획하였는즉 반드시 시행하리라"

라) "구원이 지체될 것이라"

〈사 47~49〉

4. 사 47장에는 어떤 나라에 대한 심판이 예언되어 있습니까?

5. 악인에게는 무엇이 없다고 여호와께서 말씀하셨습니까?

6. 사 49장에서 자주 나오는 단어(3회 이상)가 아닌 것은 어느 것입니까?

가) 태

나) 구원

다) 종

라) 샘물 근원

〈사 50~54〉

7. 사 50장에 나오는 구절로 옳지 않은 것은 어느 것입니까?

가) "주 여호와께서 나의 귀를 여셨으므로"
나) "주 여호와께서 학자들의 혀를 내게 주사"
다) "주 여호와께서 나를 도우시리니"
라) "주 여호와께서 은혜를 베푸시리라"

8. 다음 괄호에 들어갈 말을 찾아 쓰시오.

"(   )을 전하며 평화를 공포하며 복된 (   )을 가져 오며 구원을 공포하며 시온을 향하여 이르기를 네 하나님이 통치하신다 하는 자의 산을 넘는 발이 어찌 그리 아름다운고"

9. 사 53장과 54장을 가장 잘 요약한 말은 어느 것입니까?

가) 고난당하는 종과 노아의 홍수
나) 고난당하는 종과 잉태치 못하는 여인
다) 고난당하는 종과 긍휼히 여김을 받을 이스라엘
라) 고난당하는 종과 기계를 만드는 장인

〈사 55~57〉

10. 다음 괄호에 들어갈 말을 찾아 쓰시오.

"너희는 여호와를 만날 만한 때에 (   ) 가까이 계실 때에 그를 (   )"

11. 하나님이 말씀하신 '만민의 기도하는 집'과 거리가 먼 것은 어느 것입니까?

가) 하나님의 언약 백성이 모여 기도하는 집
나) 하나님의 기뻐하심을 입으면 이방인도 제사(예배)드릴 수 있는 집
다) 예수님이 예루살렘 성전에 들어가셔서 하셨던 말씀
라) 영적으로 소경인 파수꾼들과 술 취한 개 같은 목자들이 쉬는 집

12. 사 57장에 나타나지 않는 말은 어느 것입니까?

가) 입술의 열매
나) 탐심의 죄악
다) 나의 언약
라) 하나님의 말씀

⟨사 58~60⟩

13. 사 58장에 언급된 이스라엘 백성의 몇 가지 잘못에 해당되지 않는 것은 어느 것입니까?
가) 가식적인 금식
나) 사랑이 없는 구제
다) 거룩하게 지키지 못하는 안식일
라) 깨달음이 없는 율법낭독

14. 사 59장에서 선지자가 가장 많이 말한 단어는 무엇입니까?
가) 구원
나) 거짓
다) 죄(죄악)
라) 허물

15. 사 60장의 내용으로 볼 때 다음 중 가장 어울리는 제목은 어느 것입니까?
가) 하나님의 영광을 삼키는 어두움
나) 햇빛과 달빛을 받은 세상의 아름다움
다) 시온을 비추는 하나님의 영광
라) 굳게 닫혀버린 예루살렘 성문

⟨사 61~63⟩

16. 사 61장에 '하나님의 은혜를 입을(또는 입은) 사람들'에 대한 말이 여

러 가지로 나오는데 다음 중 옳지 않은 것은 어느 것입니까?
가) 가난한 자
나) 시온에서 슬퍼하는 자
다) 영광을 나타낼 자
라) 불의한 자
마) 여호와의 제사장
바) 하나님의 봉사자
사) 여호와께 복 받은 자손

17. 여호와께서 땅 끝까지 반포하시면서 '딸 시온(하나님의 백성, 성도)'에 약속하신 세 가지에 포함되지 않는 것은 어느 것입니까?
가) 구원
나) 상급
다) 심판
라) 보응(보답)

18. 사 63장을 읽고 다음 괄호를 채우시오.
주의 (　　) / 주의 처소 / 주의 열성 / 주의 능하신 행동 / 주의 이름 / 주의 (　　) / 주의 종들 / 주의 기업 / 주의 거룩한 백성 / 주의 (　　) / 주의 다스림

〈사 64~66〉

19. 우리가 '진흙'이면 주는 어떤 존재로 비유됩니까?

20. 사 65장의 내용으로 옳지 않은 것은 어느 것입니까?
가) 하나님이 새 하늘과 새 땅을 창조하신다.
나) 여호와를 버린 자의 최후
다) 율법을 등지고 우상을 숭배한 자들에 대한 심판
라) 새로운 하나님의 성산에 백성을 상하게 하는 뱀이 있을 것이다.

21. 사 66장에 나오는 구절이 아닌 것은 어느 것입니까?
가) "내가 지을 새 하늘과 새 땅이 내 앞에 항상 있는 것 같이 너희 자손과 너희 이름이 항상 있으리라 여호와의 말이니라"
나) "그들이 부르기 전에 내가 응답하겠고 그들이 말을 마치기 전에 내가 들을 것이며"
다) "나 여호와가 말하노라 내 손이 이 모든 것을 지었으므로 그들이 생겼느니라 무릇 마음이 가난하고 심령에 통회하며 내 말을 듣고 떠는 자 그 사람은 내가 돌보려니와"
라) "여호와께서 불과 칼로 모든 혈육에게 심판을 베푸신즉 여호와께 죽임당할 자가 많으리니"

제33주 (예레미야 1~23)

〈렘 1~3〉

1. 렘 1장의 내용으로 옳지 않은 것은 어느 것입니까?
가) 예레미야 아버지는 제사장이었다.
나) 하나님은 예레미야가 태어나기 전에 그를 아셨다.
다) 예레미야는 말을 못하는 벙어리 아이였다.
라) 하나님은 예레미야와 함께 하신다고 약속하셨다.

2. 다음 괄호에 들어갈 말을 찾아 쓰시오.
– "네가 잿물로 스스로 씻으며 네가 많은 비누를 쓸지라도 네 (　　)이 내 앞에 그대로 있으리니"
– "그러나 너는 말하기를 나는 무죄하니 그의 진노가 참으로 내게서 떠났다 하거니와 보라 네 말이 나는 죄를 범하지 아니하였다 하였으므로 내가 너를 (　　) 하리라"

3. 다음 중 하나님의 약속에 대한 설명으로 옳지 않은 것은 어느 것입니까?

가) "배역한 자식들아 돌아오라 내가 너희의 배역함을 고치리라" → 돌아오는 자에게 회개의 영을 주어 이제는 순종하며 살도록 은혜를 베풀겠다.

나) "내가 또 내 마음에 합한 목자들을 너희에게 주리니 그들이 지식과 명철로 너희를 양육하리라" → 하나님이 친히 세우신 목회자들이 하나님의 말씀과 지혜로 성도를 양육할 것이다.

다) "너희가 이 땅에서 번성하여 많아질 때에는 사람들이 여호와의 언약궤를 다시는 말하지 아니할 것이요 생각하지 아니할 것이요 기억하지 아니할 것이요 찾지 아니할 것이요 다시는 만들지 아니할 것이며" → 언약궤가 필요 없어질 때가 올 것이다(성령이 임하실 것이므로).

라) "그 때에 예루살렘이 그들에게 여호와의 보좌라 일컬음이 되며 모든 백성이 그리로 모이리니…" → 세상의 모든 이방인들이 예루살렘에 와서 집을 짓고 함께 살아갈 것이다.

•••••••

〈렘 4~6〉

4. 다음 괄호에 들어갈 말을 찾아 쓰시오.

"예루살렘아 네 마음의 (　　)을 씻어 버리라 그리하면 (　　)을 얻으리라"

5. 렘 5장의 내용으로 옳지 않은 것은 어느 것입니까?

가) 선지자들은 거짓 예언을 하며 제사장들은 자기 권력으로 다스리며 백성은 그것을 좋게 여겼다.

나) 하나님은 백성을 하나도 남김없이 진멸하실 것이라고 말씀하셨다.

다) 백성은 눈이 있어도 보지 못하고 귀가 있어도 듣지 못할 정도로 영적으로 어두웠다.

라) 당시 이스라엘과 유다에 공의를 행하며 진리를 구하는 사람이 없어 하나님은 그들을 심판하기로 하셨다.

6. 하나님의 명령 중에서 렘 6장에 없는 것은 어느 것입니까?
가) "너는 이 백성을 위하여 기도하지 말라"
나) "예루살렘아 너는 훈계를 받으라"
다) "땅이여 들으라"
라) "슬퍼하며 통곡할지어다"

〈렘 7~11〉

7. 유다 백성의 우상 숭배 또는 하나님께 대한 불순종을 말하는 내용 중 렘 7장에 나오지 않은 것은 어느 것입니까?
가) "내가 내 종 선지자들을 너희에게 보내되 끊임없이 보내었으나…"
나) "하늘의 여왕을 위하여 과자를 만들며…"
다) "네 이름으로 일컬음을 받는 이 집이 너희 눈에는 도둑의 소굴로 보이느냐…"
라) "힌놈의 아들의 골짜기에 도벳 산당을 건축하고 그들의 자녀들을 불에 살랐나니…"
마) "이 예루살렘 백성이 항상 나를 떠나 물러감은 어찌함이냐 그들이 거짓을 고집하고 돌아오기를 거절하도다"

8. 렘 8장에 나타난 예레미야의 감정 상태를 가장 잘 표현한 말은 어느 것입니까?
가) 기쁨
나) 무관심함
다) 슬픔
라) 외로움

9. 다음 구절들의 장과 절을 찾아 써 넣으시오.
가) "부녀들이여 여호와의 말씀을 들으라 너희 귀에 그 입의 말씀을 받으라" (   )
나) "목자들은 어리석어 여호와를 찾지 아니하므로 형통하지 못하며 그

모든 양 떼는 흩어졌도다" (　　　　)

다) "이 언약의 말을 따르지 않는 자는 저주를 받을 것이니라" (　　　　)

라) "공의로 판단하시며 사람의 마음을 감찰하시는 만군의 여호와여 나의 원통함을 주께 아뢰었사오니…" (　　　　)

〈렘 12~14〉

10. 예레미야 선지자가 하나님에 대해 이해하기 어려워서 따졌던 이유는 무엇입니까?

가) 하나님이 백성을 긍휼히 여기실 것이라고 하셔서

나) 악인들이 형통하고 안락한 생활을 하므로

다) 하나님이 악한 이웃(나라)을 뽑아버리겠다고 하셔서

11. 렘 13장의 내용으로 보아 다음 중 가장 올바른 것은 어느 것입니까?

가) 백성의 교만함

나) 백성의 겸손함

다) 백성의 정결함

라) 백성의 거룩함

12. 렘 14장의 내용으로 옳지 않은 것은 어느 것입니까?

가) 하나님이 보내신 적도, 말씀을 주신 적도 없는 거짓 선지자들이 득세를 했다.

나) 거짓 선지자들은 '하나님의 심판'을 전혀 말하지 않았다.

다) 하나님은 칼과 기근과 염병으로 유다를 심판하신다고 하셨다.

라) 예레미야는 심판의 말씀을 받고 백성을 모조리 심판해 달라고 간구했다.

〈렘 15~17〉

13. 15장의 내용으로 옳지 않은 것은 어느 것입니까?
가) 주의 말씀을 얻어먹은 자는 기쁨과 즐거움을 얻는다.
나) 므낫세 때문에 예루살렘이 심판을 받게 될 것이다.
다) 예레미야에게 모세와 사무엘이 나타났다.
라) 하나님은 백성이 예레미야를 치지 못하도록 놋 성벽처럼 단단하게 보호하신다.

14. 다음 괄호에 들어갈 말을 찾아 쓰시오.
"여호와 ( ), 나의 요새, 환난 날의 피난처시여…"

15. 렘 17장에 나오는 것 중 사람에 대한 내용이 아닌 하나님에 대한 것은 어느 것입니까?
가) 생수의 근원
나) 만물보다 거짓되고 심히 부패한 것
다) 사막의 떨기나무
라) 물가에 심어진 나무

〈렘 18~20〉

16. 하나님은 당신의 뜻대로 백성을 심판하실 수 있다는 것을 예레미야에게 가르치시기 위해 어떤 사람에게 보내셨습니까?

17. 렘 19장의 내용으로 옳지 않은 것은 어느 것입니까?
가) 예레미야는 힌놈의 아들 골짜기에서 예언한 뒤 여호와의 집 뜰에서도 예언했다.
나) 하나님의 백성이 도벳에서 이방신에게 사람을 제물로 바친 것에 하나님은 극도로 화가 나서 그들이 극심한 기근에 시달려 자신의 가족과 친구를 먹는 재앙을 당할 것이라 하셨다.

다) 백성은 하늘의 만상을 향해 분향하고 우상인 이방신들에게 제사했다.

라) 토기장이는 깬 그릇을 다시 완전하게 하지 못하지만 하나님은 그들을 모두 용서하신다고 하셨다.

18. 렘 20장에서 말씀의 종 예레미야가 겪은 것으로 옳지 않은 것은 어느 것입니까?

가) 하나님과 그의 말씀을 선포한 것에 대한 일순간의 후회

나) 언제든지 말씀의 종을 그만둘 수 있고 사람들의 비위를 맞출 수 있다는 간사한 생각

다) 말씀을 전하지 않으려 할수록 뜨겁게 타오르는 사명감

라) 핍박을 당하고 모욕을 당하는 것에 대한 견딜 수 없는 고통

〈렘 21~23〉

19. 하나님이 백성 앞에 두신 두 길은 무엇과 무엇입니까?

20. 렘 22장에 가장 어울리는 말은 어느 것입니까?

가) 슬픔

나) 기쁨

다) 행복

라) 감사

21. 하나님의 말씀을 도적질하는(사람을 보내지도, 말씀을 주시지도 않았는데 제멋대로 가져다가 자기의 유익을 위해 말하는) 선지자들을 치는 심판의 도구인 불과 방망이가 뜻하는 것은 무엇입니까?

제34주 (예레미야 24~46)

〈렘 24~26〉

1. 다음 괄호에 들어갈 말을 찾아 쓰시오.

"내가 ( )을 그들에게 주어서 그들이 전심으로 내게 돌아오게 하리니 그들은 내 ( )이 되겠고 나는 그들의 ( )이 되리라"

2. 렘 25장의 내용으로 옳지 않은 것은 어느 것입니까?

가) 하나님은 백성에게 선지자를 부지런히 보내셨다.
나) 유다가 바벨론에서 70년간 포로생활을 할 것이라 예언되었다.
다) 바벨론은 강대국이라서 멸망하지 않을 것이다.
라) '진노의 술잔'은 하나님의 심판을 뜻한다.

3. 백성이 예레미야 선지자를 죽이지 못하도록 변호하고 보호한 사람은 누구입니까?

〈렘 27~29〉

4. 하나님이 보내지 아니하셨는데 하나님의 이름으로 거짓을 예언하는 사람들은 어떤 자들입니까?

가) 바벨론 왕과 신하들
나) 여호야김 왕과 시드기야 왕
다) 유다와 예루살렘 귀족들
라) 거짓 선지자들

5. 렘 28장의 내용으로 볼 때 다음 중 전혀 상관이 없는 짝은 어느 것입니까?

가) 바벨론과 큰 국가들
나) 예레미야와 하나냐
다) 참 목자와 삯군 목자
라) 참 선지자와 거짓 선지자

6. 렘 29장에 나오는 구절이 아닌 것은 어느 것입니까?
가) "너희는 내가 사로잡혀 가게 한 그 성읍의 평안을 구하고 그를 위하여 여호와께 기도하라"
나) "바벨론에서 칠십 년이 차면 내가 너희를 돌보고 나의 선한 말을 너희에게 성취하여 너희를 이곳으로 돌아오게 하리라"
다) "너희들이 내 말을 듣지 않았기 때문이니라 내가 내 종 선지자들을 너희들에게 꾸준히 보냈으나 너희는 그들의 말을 듣지 않았느니라"
라) "여호와께서 너를 보내지 아니하셨거늘 네가 이 백성에게 거짓을 믿게 하는도다"
마) "너희를 향한 나의 생각을 내가 아나니 평안이요 재앙이 아니니라 너희에게 미래와 희망을 주는 것이니라"
바) "너희가 내게 부르짖으며 내게 와서 기도하면 내가 너희들의 기도를 들을 것이요"

〈렘 30~34〉

7. 다음 구절들이 몇 장 몇 절에 있는지 렘 30장과 31장을 읽고 찾아 쓰시오.
- "내가 너의 상처로부터 새 살이 돋아나게 하여 너를 고쳐 주리라" (　　　)
- "너희는 내 백성이 되겠고 나는 너희들의 하나님이 되리라" (　　　)
- "너는 두려워하지 말라" (　　　)
- "그 심령은 물댄 동산 같겠고 다시는 근심이 없으리로다" (　　　)

–“내가 나의 법을 그들의 속에 두며 그 마음에 기록하여…”
(　　　　)

8. 렘 32장에 나오는 내용이 아닌 것은 어느 것입니까?
가) 능치 못한 일이 없는 천지를 지으신 주 여호와
나) 능치 못한 일이 없는 모든 육체의 하나님
다) 포로 된 백성을 결코 돌아오지 못하게 하실 하나님
라) 큰 재앙을 내린 것처럼 허락한 모든 복을 백성에게 내리신다고 약속하시는 하나님

9. 렘 33장과 34장의 내용으로 옳지 않은 것은 어느 것입니까?
가) 여호와는 일을 짓는 분이요 성취하시는 분이다.
나) 하나님은 부르짖는 자에게 응답하신다.
다) 다윗의 혈통에서 한 의로운 가지가 나타날 것이다.
라) 하나님과의 언약을 지키지 못한 백성은 하나님의 사랑 때문에 벌을 받지 않는다.

〈렘 35~37〉

10. 선조가 명령한 하나님의 말씀을 지킴으로써 하나님의 칭찬을 받은 이방 족속은 어떤 족속입니까?

11. 예레미야의 예언을 받아 쓴 사람은 누구입니까?

12. 방백들과 왕에게 구타를 당하고 옥에 갇히고 핍박당한 선지자는 누구입니까?

〈렘 38~40〉

13. 예레미야 선지자의 말이 아닌 것은 어느 것입니까?

가) "우리에게 이 영혼을 지으신 여호와께서 살아 계심을 두고 맹세하노니…"
나) "여호와께서 내게 보이신 말씀대로 되리이다"
다) "여호와의 목소리에 순종하소서"
라) "만군의 하나님이신 이스라엘의 하나님 여호와께서 이와 같이 말씀하시되…"

14. 렘 39장의 내용으로 옳지 않은 것은 어느 것입니까?
가) 예루살렘이 함락되었다.
나) 시드기야 왕이 눈이 뽑혀 바벨론으로 잡혀갔다.
다) 예레미야가 시위대 뜰에 갇힌 중에도 여호와의 말씀이 임했다.
라) 여호와께서는 예전에 예레미야를 구해 주었던 에벳멜렉에게도 재앙을 내리겠다고 하셨다.

15. 백성이 예레미야 선지자를 죽이지 못하도록 변호하고 보호했던 아히감의 아들이 바벨론 왕에 의해 유다 총독이 되었는데 그 이름은 무엇입니까?

〈렘 41~43〉

16. 그다랴가 암살 당하게 된 이유는 무엇입니까?
(렘 40장 14~16절 참고)
가) 왕족인 이스마엘이 왕족이 아닌 그다랴가 총독이 된 것에 불만과 시기가 가득 차서
나) 그다랴가 유다 땅에 남아 있는 백성을 힘들게 해서
다) 그다랴가 이스마엘을 먼저 죽이려 했기 때문에
라) 바벨론 왕이 죽이라고 했으므로

17. 다음 괄호에 들어갈 말을 찾아 쓰시오.
"너희는 너희가 두려워하는 바벨론의 왕을 (   ) 내가 너희와 함

께 있어 너희를 구원하며 그의 손에서 너희를 건지리니 (　　　　)"

18. 렘 43장의 내용으로 볼 때 예레미야가 끌려간 곳은 어디입니까?
가) 바벨론
나) 애굽
다) 유다
라) 이스라엘

....
〈렘 44~46〉

19. 렘 44장의 내용으로 옳지 않은 것은 어느 것입니까?
가) 애굽 땅에 있는 유다인들에게 예레미야가 예언했다.
나) 애굽 땅의 모든 유다인들이 하나님의 심판을 받을 것이다.
다) 여호와께 대한 범죄는 우상 숭배와 말씀을 듣지 않음과 율법을 지키지 않은 것이다.
라) 애굽 땅으로 피한 유다인들은 심판을 받지 않을 것이다.

20. '세운 것을 헐기도 하며 심은 것을 뽑기도' 하는 분은 누구입니까?
가) 예레미야
나) 바룩
다) 하나님
라) 유다 왕

21. 렘 46장을 읽고 하나님이 당신의 백성을 구원하시지만 잘못한 것에 대해서는 반드시 그냥 넘어가지 않겠다는 말씀을 하신 내용이 나오는 구절이 몇 절인지 쓰시오.

第35주 (예레미야 47~에스겔 12)

〈렘 47~49〉

1. 렘 47장은 어떤 나라(민족)에 대한 심판을 말합니까?
가) 암몬
나) 바벨론
다) 블레셋
라) 두로

2. 렘 48장의 내용으로 옳지 않은 것은 어느 것입니까?
가) 모압에 대한 심판 예언이다.
나) 모압은 심히 교만한 민족이었다.
다) 모압은 그모스 우상을 섬겼다.
라) 모압은 멸망 후 다시 나라를 이룰 것이다.
마) 모압은 망하지만 바벨론으로 잡혀간 포로는 돌아올 것이다.

3. 렘 49장에 나타난 심판이 예언에 포함되지 않은 나라(자손, 민족)는 어느 것입니까?
가) 암몬
나) 에돔
다) 다메섹
라) 게달과 하솔
마) 엘람
바) 납달리

〈렘 50~52〉

4. 렘 50장의 내용으로 옳지 않은 것은 어느 것입니까?

가) 이스라엘이 고국으로 돌아오지 못할 것임
나) 바벨론이 심판당할 것임
다) 이스라엘이 회복될 것임
라) 바벨론이 멸망할 것임

5. 렘 51장에 나오는 구절이 아닌 것은 어느 것입니까?
가) "예레미야의 말이 이에 끝나니라"
나) "오라 시온에서 우리 하나님 여호와의 일을 선포하자"
다) "내 백성은 잃어버린 양 떼로다 그 목자들이 그들을 곁길로 가게 하여…"
라) "보라 날이 이르리니 내가 바벨론의 우상들을 벌할 것이라"

6. 렘 52장의 내용으로 가장 옳은 것은 어느 것입니까?
가) 바벨론의 멸망
나) 예루살렘의 멸망
다) 바벨론의 회복
라) 예루살렘의 회복

·······
〈애 1~5〉

7. 예레미야 애가에 대한 내용과 설명으로 옳지 않은 것은 어느 것입니까?
가) 히브리어 알파벳 순서에 따라 22절씩(3장은 22절씩 3번) 되어 있다.
나) 마지막 장(5장)은 예레미야의 간절한 기도이다.
다) 예레미야 자신의 슬픔과 고통이 잘 나타나 있는 장은 3장이다.
라) 애가 속에는 예루살렘 회복에 대한 소망이 전혀 없고 오직 절망뿐이다.

8. 다음 괄호에 들어갈 말을 찾아 쓰시오.
"사람이 여호와의 (　　　)을 바라고 잠잠히 기다림이 좋도다"

9. 예레미야의 기도 내용이 아닌 것은 어느 것입니까?
가) "우리 날들을 다시 새롭게 하사 옛적 같게 하옵소서"
나) "나를 주 앞에서 쫓아내지 마시며 주의 성령을 내게서 거두지 마옵소서"
다) "주는 영원히 계시오며 주의 보좌는 대대에 이르나이다"
라) "우리의 머리에서는 면류관이 떨어졌사오니 오호라 우리의 범죄 때문이니이다"

....
〈겔 1~3〉

10. 하나님이 하늘을 여시고 에스겔에게 보여주신 형상의 4가지 얼굴로 옳지 않은 것은 어느 것입니까?
가) 물고기의 얼굴
나) 독수리의 얼굴
다) 사람의 얼굴
라) 사자의 얼굴
마) 소의 얼굴

11. 겔 2장에서 빈번하게(4회 이상) 나오는 단어나 말에 포함되지 않는 것은 어느 것입니까?
가) 인자
나) 말(씀)
다) 패역(한)
라) 듣든지 아니 듣든지

12. 겔 3장을 읽고 다음 중 에스겔의 말이 아닌 것을 고르시오.
가) "그것(두루마리, 말씀)이 내 입에서 달기가 꿀 같더라"
나) "주의 영이 내게 임하사"
다) "여호와의 권능이 힘 있게 나를 감동시키시더라"
라) "너와 말할 때에 네 입을 열리니"

〈겔 4~6〉

13. 이스라엘과 유다 백성에 대한 심판의 상징으로 하나님이 에스겔에게 명한 것들이 겔 4장에 나타나는데 그중에서 깨끗한 삶을 살아온 에스겔의 말을 듣고 특별히 바꿔주신 것에 대해 다음 중 옳게 나타낸 것은 어느 것입니까?

가) 인분(사람의 배설물) → 염소똥
나) 돼지똥 → 쇠똥
다) 인분 → 쇠똥
라) 쇠똥 → 염소똥

14. 겔 5장에 나타난 예루살렘에 대한 내용으로 옳지 않은 것은 어느 것입니까?

가) 이방인보다 더 악을 행한 예루살렘
나) 이방인들을 항상 하나님께로 인도했던 예루살렘
다) 하나님에 의해 이방인으로 둘러싸여서 열방 가운데 있었던 예루살렘
라) 이방인들이 보는 앞에서 멸망을 당할 예루살렘

15. 예루살렘이 멸망당하게 될 이유는 무엇입니까?

가) 악한 강대국들 사이에서 힘이 없어서
나) 예루살렘에 하나님을 믿지 않는 이방인들이 많이 모여 살고 있어서
다) 예루살렘이 우상을 섬겨서
라) 예루살렘에 선지자가 없어서

〈겔 7~9〉

16. 겔 7장에 나타난 단어들에 대한 설명으로 옳지 않은 것은 어느 것입니까?

가) 오물 : 구역질이 날 정도로 더럽고 역겨운 물건

나) 포악한 : 난폭하고 악한
다) 심판 : 운동 경기의 진행자
라) 묵시 : 하나님에게 속하는 비밀을 하나님의 계시를 통해 직접 보거나 깨닫는 것

17. 겔 8장에서 하나님이 에스겔에게 보여주신 곳으로 옳지 않은 것은 어느 것입니까?
가) 지옥
나) 성전
다) 예루살렘
라) 예루살렘 북편 제단문

18. 성소에서 시작될 하나님의 심판을 면하게 되는 사람은 어떤 사람입니까?
가) 늙은 자
나) 이마에 표 있는 자
다) 서기관
라) 어린아이와 여자

〈겔 10~12〉

19. 겔 10장에서 에스겔이 환상을 통해 가장 많이 보고 있는 것은 무엇입니까?
가) 여호와의 영광
나) 숯불
다) 보석
라) 독수리 얼굴

20. 다음 괄호에 들어갈 말을 찾아 쓰시오.
"내가 그들에게 한 마음을 주고 그 속에 새 (　　)을 주며 그 몸에서 돌

같은 마음을 제거하고 살처럼 부드러운 마음을 주어…"

21. 다음 중에서 의미가 전혀 다른 것 하나는 어느 것입니까?
가) "나의 말이 하나도 다시 더디지 아니할지니 내가 한 말이 이루어지리라"
나) "또 여호와의 말씀이 내게 임하여 이르시되"
다) "날이 더디고 모든 묵시가 사라지리라 하는 너희의 이 속담이 어찌 됨이냐"
라) "반역하는 족속이여 내가 너희 생전에 말하고 이루리라"

제36주 (에스겔 13~35)

〈겔 13~15〉

1. 겔 13장에는 어떤 사람들의 죄와 심판이 기록되어 있습니까?
가) 이스라엘 백성
나) 이스라엘의 거짓 선지자들
다) 이스라엘 여인들
라) 이스라엘 왕과 신하들

2. 여호와께서 의인들의 예로 들은 사람 셋을 14장에서 찾아 쓰시오.

3. 다음 설명 중에서 옳지 않은 것을 15장을 읽고 고르시오.
가) 인자 : 에스겔
나) 포도나무 : 이스라엘 백성
다) 불 : 여호와의 심판
라) 땔감 : 제조에 쓰임

〈겔 16~18〉

4. 겔 16장에 나오는 구절이 아닌 것은 어느 것입니까?
가) "네가 나를 위하여 낳은 네 자녀를 그들에게 데리고 가서 드려 제물을 삼아 불살랐느니라"
나) "내가 너의 어렸을 때에 너와 세운 언약을 기억하고 너와 영원한 언약을 세우리라"
다) "내가 네게 내 언약을 세워 내가 여호와인 줄 네가 알게 하리니"
라) "맹세를 업신여겨 언약을 배반하고 이 모든 일을 행하였으니 피하지 못하리라"

5. 겔 17장에 나오는 '독수리'가 뜻하는 것은 무엇입니까?
가) 바벨론 왕
나) 여호와
다) 유다 백성
라) 에스겔 선지자

6. 겔 18장의 내용 또는 말씀으로 옳지 않은 것은 어느 것입니까?
가) "범죄하는 그 영혼은 죽을지라"
나) "너희는 너희가 범한 모든 죄악을 버리고 마음과 영을 새롭게 할지어다"
다) 아버지가 신 포도를 먹으면 아들의 입도 시다는 속담은 하나님도 인정하신 속담이다.
라) 죄를 행하면 죽고 의를 행하면 산다.

〈겔 19~23〉

7. 겔 19~20장에 나오는 내용이나 말에 해당되지 않는 것은 어느 것입니까?
가) "나의 안식일"

나) "나는 여호와 너희 하나님이라"
다) "너희는 돌이켜 회개하고 모든 죄에서 떠날지어다"
라) "내가 여호와인 줄 너희가 알리라"

8. 다음은 어떤 사람들의 죄악인지 겔 21~22장을 읽고 쓰시오.
- 하나님의 율법을 범하고 성물을 더럽힘
- 거룩함과 속된 것을 구별하지 아니함
- 부정함과 정한 것을 사람으로 구별하게 하지 아니함

9. 오홀라와 오홀리바에 대한 설명으로 옳은 것은 어느 것입니까?
가) 음란한 두 명의 이방 여인
나) 사마리아에 사는 두 여인
다) 음욕을 품고 사는 세상 사람들
라) 우상을 섬기는 사마리아와 예루살렘

〈겔 24~26〉

10. 겔 24장의 내용을 가장 잘 나타내는 말은 어느 것입니까?
가) 예루살렘에 대한 심판
나) 예루살렘의 구원
다) 예루살렘에 대한 사랑
라) 예루살렘의 영광

11. 겔 25장에 여러 차례 나타나는 단어나 구절이 아닌 것은 어느 것입니까?
가) "너희는 주 여호와의 말씀을 들을지어다"
나) "주 여호와께서 이같이 말씀하셨느니라"
다) "내가 주 여호와인 줄을 너희가 알리라"
라) 원수

12. 겔 26장은 어디에 대한 말씀입니까?

〈겔 27~29〉

13. 두로에 대한 설명으로 옳지 않은 것은 어느 것입니까?
가) 풍요롭게 살았으나 교만하여 멸망하게 될 것이다.
나) 두로는 섬들로 이루어진 나라다.
다) "너를 지은 자"라는 말에서 '너'는 '두로'이고 '지은 자'는 '여호와'다.
라) 두로는 바닷가에 있는 나라다.

14. 다음 괄호에 들어갈 말을 찾아 쓰시오.
"네가 아름다우므로 마음이 (　　　)하였으며 네가 영화로우므로 네 (　　)를 더럽혔음이여"

15. 겔 29장에서 에스겔을 통해 심판이 예언되어진 나라는 어떤 나라입니까?

〈겔 30~32〉

16. 다음 보기들이 뜻하는 것은 무엇입니까?
- 여호와의 날
- "뭇 나라 가운데로 흩으며"
- 칼
가) 심판
나) 우상
다) 교만
라) 에스겔

17. 겔 31장에 나오는 말이 아닌 것은 어느 것입니까?
가) 하나님의 동산 에덴

나) 공중의 모든 새
다) "그들이 나를 여호와인 줄을 알리라"
라) 교만

18. 겔 32장에 특별히 많이 나오는 말들로 옳지 않은 것은 어느 것입니까?
가) (칼에) 죽임을 당한 자
나) 인자
다) 할례를 받지 못한 자
라) 무덤

....
〈겔 33~35〉

19. 겔 33장에 나오는 '에스겔'에 대한 말이 아닌 것은 어느 것입니까?
가) 이스라엘 족속의 파수꾼
나) 이스라엘의 왕
다) 인자
라) 선지자

20. 겔 34장의 내용 중 옳지 않은 것은 어느 것입니까?
가) 하나님은 하나님의 양들을 위해 친히 한 목자를 세우겠다고 하셨다.
나) 이스라엘 목자들은 양을 치기에는 소질이 부족했다.
다) 이스라엘 목자들은 목자로서 해야 할 본분을 잊고 타락했다.
라) 이스라엘 목자들은 하나님의 백성인 양들을 먹이기보다는 자신들이 먹고 누리는 일을 중요시 했다.

21. 겔 35장에 나오는 하나님의 심판을 받을 사람들은 어떤 사람들입니까?
가) 세일 산에 사는 에돔 사람들
나) 예루살렘 사람들

다) 이스라엘 산들 속에 사는 유다 사람들
라) 세일 산에 사는 애굽 사람들

제37주 (에스겔 36~다니엘 10)

〈겔 36~38〉

1. 겔 36장에 나오는 말이 아닌 것은 어느 것입니까?
가) 새 영
나) 새 마음
다) 내 거룩한 이름
라) 화평의 언약

2. 겔 37장을 읽고 다음 중 하나님이 약속하신 것들이 아닌 것을 고르시오.
가) 영(靈)
나) 막대기
다) 한 목자
라) 성소

3. '곡'에 대한 설명으로 옳지 않은 것은 어느 것입니까?
가) 하나님의 백성 이스라엘을 대적하는 세력
나) 이스라엘을 멸망시키고 하나님으로부터 상받을 하나님의 천사
다) 이스라엘을 공격할 세력이지만 하나님의 심판으로 멸망당할 사탄의 세력
라) 애굽이나 바벨론처럼 하나님이 사용하시는 도구

〈겔 39~41〉

4. 다음 괄호에 들어갈 말을 찾아 쓰시오.

"내가 내 (　　)한 이름을 내 백성 이스라엘 가운데 알게 하여 다시는 내 (　　)한 이름을 더럽히지 아니하게 하리니 내가 곧 여호와 곧 이스라엘의 (　　)한 자인 줄을 민족들이 알리라 하라"

5. 에스겔이 하나님의 권능에 이끌려서 보게 된 것들이 아닌 것은 어느 것입니까?

가) 예루살렘 성읍

나) 성전

다) 모세와 엘리야

라) 성전 뜰

6. 겔 41장에서 에스겔이 본 성전에서 다음 중 나타나 있지 않은 것은 어느 것입니까?

가) 휘장

나) 내전(지성소)

다) 외전(성소)

라) 골방

〈겔 42~46〉

7. 에스겔이 본 성전에서 거룩한 것과 속된 것을 구별하는 것은 무엇입니까?

가) 회랑

나) 통행구

다) 담

라) 방

8. 여호와의 성전에 가득한 것이 무엇인지 겔 43~44장을 읽고 쓰시오.

9. 겔 45~46장에 나와 있는 절기나 날이 아닌 것은 어느 것입니까?
가) 안식일
나) 유월절
다) 초하루
라) 추수감사절

〈겔 47~단 1〉

10. 바다를 소성케 하고 흘러가는 곳마다 생물들이 살게 하는 것은 무엇입니까?
가) 성전에서 흘러나와 흐르는 강물
나) 예루살렘에 있는 작은 우물
다) 성전 뜰에 있는 물두멍에서 나온 물
라) 요단 강에서 흘러나온 맑은 물

11. 겔 48장의 내용으로 옳지 않은 것은?
가) '거룩'과 '구별'이라는 말이 많이 나온다.
나) 이스라엘 모든 지파가 회복된 땅을 기업으로 얻을 것이다.
다) 에스겔 선지자는 예루살렘으로 돌아와서 마지막 예언을 했다.
라) '여호와 삼마'(여호와께서 거기 계시다)는 성읍의 이름이 될 것이다.

12. 다니엘에 대한 설명으로 옳지 않은 것은 어느 것입니까?
가) 바벨론에 포로로 잡혀왔다.
나) 다니엘이 뜻을 정하고 바벨론 왕의 음식을 거절한 것은 음식이 입에 맞지 않았기 때문이다.
다) 다니엘은 용모가 아름답고 지혜와 지식이 가득하고 학문에 익숙했다.

라) 10일간 채소만 먹었지만 고기를 먹은 사람들보다 훨씬 얼굴이 좋았다.

〈단 2~4〉

13. 단 2장에 나오는 내용이 아닌 것은 어느 것입니까?
가) 꿈
나) 손대지 아니한 돌
다) 후일에 될 일
라) 모퉁이 돌

14. 단 3장의 내용으로 옳지 않은 것은 어느 것입니까?
가) 사드락, 메삭, 아벳느고는 바벨론 왕이 세운 금신상에 절하지 않았다.
나) 사드락, 메삭, 아벳느고가 풀무불에 던져졌을 때 또 다른 사람이 그 속에 있었다.
다) 사드락, 메삭, 아벳느고는 그들을 붙들다 불에 타서 죽은 사람을 살려냈다.
라) 사드락, 메삭, 아벳느고는 왕에게 존귀히 여김을 받았다.

15. 단 4장에 나오는 '영생하시는 자'는 누구를 가리킵니까?
가) 다니엘
나) 느부갓네살 왕
다) 벨드사살
라) 하나님

〈단 5~7〉

16. 다음 괄호에 들어갈 말을 찾아 쓰시오.
"지극히 높으신 (　　　　)이 사람 나라를 다스리시며 (　　　　)대로 누구든지 그 자리에 세우시는 줄을 알기에 이르렀나이다"

17. 단 6장에 나오는 다니엘에 대한 이야기로 옳지 않은 것은 어느 것입니까?

가) 다니엘은 다리오 왕 때 총리가 되었다.

나) 다니엘은 왕이 명한 것을 모르고 하루 세 번씩 무릎을 꿇고 하나님께 기도했다.

다) 다니엘을 사자굴에 넣은 왕은 다니엘이 걱정되어 밤새 금식하고 잠도 자지 않았다.

라) 다니엘을 통해 하나님의 영광이 드러났다.

18. 다음 중 단 7장에 나오는 말씀이 아닌 것은 어느 것입니까?

가) "지극히 높으신 이의 성도들이 나라를 얻으리니 그 누림이 영원하고 영원하고 영원하리라"

나) "인자 같은 이가 하늘 구름을 타고 와서"

다) "그에게 권세와 영광과 나라를 주고"

라) "그는 살아 계시는 하나님이시요 영원히 변하지 않으실 이시며"

〈단 8~10〉

19. 다니엘이 이상 중에 본 것들이 아닌 것을 8장을 읽고 고르시오.

가) 두 뿔 가진 숫양

나) 사람의 손가락들

다) 털이 많은 숫염소

라) 사람의 모양 같은 것

20. 다음 괄호에 들어갈 말을 찾아 쓰시오.

"(　　　) 들으소서 (　　　) 용서하소서 (　　　) 귀를 기울이고 행하소서…"

21. 단 10장에 나오는 내용이 아닌 것은 어느 것입니까?
가) 큰 은총을 받은 다니엘
나) 인자와 같은 이
다) 가브리엘 천사
라) 진리의 글

제38주 (다니엘 11~아모스 6)

〈단 11~호 1〉

1. 단 11장에 나오지 않는 나라는 어느 나라입니까?
가) 애굽
나) 모압
다) 암몬
라) 로마
마) 헬라
바) 메대

2. 단 12장의 내용으로 옳지 않은 것은 어느 것입니까?
가) 책에 기록된 모든 자가 구원을 얻는다.
나) 세상 끝 날에는 모든 인류가 부활하고 부활한 모든 사람이 영생을 얻는다.
다) 많은 사람을 옳은 데로 돌아오게 하는 자는 영광을 누릴 것이다.
라) 마지막 때에 많은 사람이 연단을 받을 것이다.

3. 호 1장에서 아브라함에게 약속하셨던 후손들인 '하나님의 아들들'에 대한 말씀이 나온 구절은 몇 절입니까?

〈호 2~5〉

4. 호 2장의 내용으로 옳지 않은 것은 어느 것입니까?

가) 이스라엘은 죄를 범했으므로 결코 하나님의 은혜를 받지 못하고 모두가 저주를 받을 것이다.

나) 이스라엘은 하나님이 주신 은금과 물질로 바알 우상을 섬겼다.

다) 이스라엘의 가장 큰 죄는 하나님을 알지 못한 죄였다.

라) 이스라엘이 벌을 받을 것이나 나중에는 하나님의 긍휼을 얻을 것이다.

5. 호 3~4장의 내용으로 옳지 않은 것은 어느 것입니까?

가) 이스라엘에 하나님을 아는 지식이 없다.

나) 이스라엘은 번성할수록 하나님께 죄를 더 범하게 되었다.

다) 이스라엘이 음행을 행하면서도 하나님은 열심히 섬겼다.

라) 깨닫지 못하는 백성은 패망할 것이다.

6. 호 5장이 가르치는 교훈으로 옳지 않은 것은 어느 것입니까?

가) 음란한 마음은 하나님을 알지 못하게 하고 회개의 길을 막는다.

나) 이스라엘 백성의 교만과 죄악이 그들로 하여금 넘어지게 할 것이다.

다) 죄를 지은 백성은 반드시 회개해야 한다.

라) 하나님의 명령 따르기를 좋아하는 에브라임은 구원받을 것이다.

〈호 6~9〉

7. 호 6~7장에 나오지 않는 구절은 어느 것입니까?

가) "나는 인애를 원하고 제사를 원하지 아니하며 번제보다 하나님을 아는 것을 원하노라"

나) "우리가 여호와를 알자 힘써 여호와를 알자"

다) "그들의 행위가 그들로 자기 하나님에게 돌아가지 못하게 하나니 이는 음란한 마음이 그 속에 있어 여호와를 알지 못하는 까닭이라"

라) "패망할진저 그들이 내게 범죄하였음이니라"
마) "내가 이스라엘을 치료하려 할 때에 에브라임의 죄와 사마리아의 악이 드러나도다"

8. 호 8장에 나타난 이스라엘의 죄로 옳지 않은 것은 어느 것입니까?
가) 선을 싫어하고 버렸다.
나) 열국을 치고 많은 이방인들을 포로로 잡아왔다.
다) 하나님이 주신 율법에 관심을 갖지 않았다.
라) 이스라엘을 지으신 하나님을 잊고 우상을 세워 섬겼다.

9. 다음 괄호에 들어갈 말을 찾아 쓰시오.
"여호와께서 그 ( )을 기억하시고 그 ( )를 벌하시리라"

〈호 10~12〉

10. 호 10장에서 다섯 번이나 나타나는 한 글자로 된 말에 해당되지 않는 것은 어느 것입니까?
가) 죄
나) 왕
다) 때
라) 밭

11. 호 11장에 나오는 하나님에 대한 표현이 아닌 것은 어느 것입니까?
가) 위에 계신 이
나) 사자처럼 소리를 내시는 여호와
다) 비둘기 같은 이
라) 신실하시고 거룩하신 자

12. 호 12장에 묘사된 하나님에 대한 표현으로 옳지 않은 것은 어느 것입니까?

가) 울며 기도한 야곱을 만나주신 하나님
나) 만군의 하나님 여호와
다) 선지자를 통해 역사하시는 하나님
라) 바라볼 수 없는 하나님

〈호 13~욜 1〉

13. 다음 괄호에 들어갈 말을 찾아 쓰시오.
"나 외에는 ( )가 없느니라"

14. 다음 괄호에 들어갈 말을 찾아 쓰시오.
"너는 ( )을 가지고 여호와께로 돌아와서…"

15. 욜 1장에서 선지자가 외친 말로 옳지 않은 것은 어느 것입니까?
가) "여호와께 부르짖을지어다"
나) "너희는 깨어 울지어다"
다) "너희는 부끄러워 말지어다"
라) "너희는 곡할지어다"

〈욜 2~암 1〉

16. 다음 괄호에 들어갈 말을 찾아 쓰시오.
"누구든지 여호와의 이름을 부르는 자는 ( )을 얻으리니"

17. 욜 3장에 나오는 말씀이 아닌 것은 어느 것입니까?
가) "여호와께서 그의 백성의 피난처, 이스라엘 자손의 산성이 되시리로다"
나) "그 후에 내가 내 신을 만민에게 부어주리니…"
다) "그 날에 산들이 단 포도주를 떨어뜨릴 것이며…"
라) "이는 여호와께서 시온에 거하심이니라"

18. 암 1장에 나오는 '서너 가지 죄' 때문에 벌을 받을 나라에 해당되지 않는 나라는 어느 나라입니까?

가) 애굽
나) 가사
다) 다메섹
라) 에돔
마) 두로
바) 암몬

• • • • • • •

〈암 2~6〉

19. 암 2장에 나오는 '서너 가지 죄' 때문에 벌을 받을 나라에 해당되지 않는 나라는 어느 나라입니까?

가) 모압
나) 유다
다) 바벨론
라) 이스라엘

20. 다음 중 암 3~4장에 나오는 말이 아닌 것은 어느 것입니까?

가) "네 하나님 만나기를 준비하라"
나) "이스라엘 자손들아 여호와께서 너희에 대하여 이르시는 이 말씀을 들으라"
다) "내가 땅의 모든 족속 중에 너희만 알았나니…"
라) "오직 정의를 물 같이, 공의를 마르지 않는 강 같이 흐르게 할지어다"

21. 암 5~6장에서 아모스 선지자가 특별히 강조하거나 부르짖는 말이 아닌 것은 어느 것입니까?

가) "여호와를 찾으라"
나) "화있을진저"

다) "여호와께 복을 빌라"
라) "만군의 하나님"

제39주 (아모스 7~학개 2)

〈암 7~욘 1〉

1. 하나님이 아모스에게 보여주신 것들이 아닌 것은 어느 것입니까?
가) 여름 과일 한 광주리
나) 메뚜기
다) 목자
라) 다림줄

2. 암 9장에 나오는 내용이 아닌 것은 어느 것입니까?
가) "내가 그들을 그들의 땅에 심으리니…"
나) "산들은 단 포도주를 흘리며 작은 산들은 녹으리라"
다) "그러나 야곱의 집은 온전히 멸하지는 아니하리라"
라) "그날에 내가 해로 대낮에 지게 하여 백주에 땅을 캄캄케 하며…"

3. 옵 1장과 욘 1장에 모두 나오는 말은 어느 것입니까?
가) 묵시
나) 도망
다) 여호와의 낯
라) 시온 산

〈욘 2~4〉

4. 욘 2장에 나오는 요나의 기도로 옳지 않은 것은 어느 것입니까?

가) "내 영혼을 소생시키시고 자기 이름을 위하여 의의 길로 인도하시는도다"
나) "구원은 여호와께 속하였나이다"
다) "주께서 내 생명을 구덩이에서 건지셨나이다"
라) "주께서 내 음성을 들으셨나이다"

5. 욘 3장에 나오는 숫자와 내용이 서로 맞지 않는 것은 어느 것입니까?
가) 2 : 요나에게 두 번째 임한 여호와의 말씀
나) 3 : 니느웨 성읍으로 가는 데 걸리는 날 수
다) 1 : 요나가 니느웨에서 말씀을 전한 시간
라) 40 : 니느웨 성이 무너지기까지 남았다고 하는 날 수

6. 욘 4장의 내용으로 옳지 않은 것은 어느 것입니까?
가) 요나는 재앙을 거두신 하나님께 심하게 화를 냈다.
나) 요나는 하나님께 기도할 때 죽고 싶다고 여러 차례 말했다.
다) 요나는 하나님이 준비해 주신 박넝쿨을 몹시 싫어했다.
라) 하나님은 사람들이 회개하고 구원받기를 원하신다.

·······
〈미 1~5〉

7. 미 1~2장의 내용으로 옳지 않은 것은 어느 것입니까?
가) 심판은 사마리아 땅에 임하고 구원은 예루살렘 땅에 임할 것이다.
나) 여호와께서는 이스라엘의 남은 자를 모으실 것이다.
다) 여호와의 강림은 심판을 뜻한다.
라) 여호와께서 재앙을 내리는 일을 계획하셨다.

8. 미 3~4장에 나오는 말씀이 아닌 것은 어느 것입니까?
가) "오직 나는 여호와의 영으로 말미암아 능력과 정의와 용기로 충만해져서…"

나) “오라 우리가 여호와의 산에 올라가서 야곱의 하나님의 전에 이르자”
다) “여호와의 말씀이 예루살렘에서부터 나올 것임이라”
라) “딸 시온이여 회개할지어다”

9. 다음 괄호에 들어갈 말을 찾아 쓰시오.
“야곱의 ( )는 많은 백성 중에 있으리니…”

....
〈미 6~ 나 1〉

10. 다음 괄호에 들어갈 말을 찾아 쓰시오.
“지혜는 ( )을 경외함이니라”

11. 다음 괄호에 들어갈 말을 찾아 쓰시오.
“오직 나는 ( )를 우러러 보며 나를 구원하시는 ( )을 바라보나니…”

12. 나 1장에 대한 내용으로 옳지 않은 것은 어느 것입니까?
가) 나훔 선지자가 니느웨에 대하여 예언한 말씀
나) “아름다운 소식을 알리고 화평을 전하는 자의 발이 산 위에 있도다”
다) 자기를 의뢰하는 자들을 모른 체하신다는 여호와
라) 여호와는 보복하시며 진노하시는 하나님이라고 말하는 선지자

....
〈나 2~합 1〉

13. 나 2장에 나오는 사람들이 아닌 것은 어느 것입니까?
가) 약탈자
나) 파괴하는 자
다) 존귀한 자
라) 화평을 전하는 자

마) 파견자

14. 나 3장은 어느 곳에 대한 멸망을 말합니까?
가) 니느웨
나) 예루살렘
다) 사마리아
라) 바벨론

15. 하나님에 의해 심판의 도구로 사용될 사람들은 어떤 사람들입니까?
가) 니느웨 사람들
나) 갈대아 사람들
다) 애굽 사람들
라) 에돔 사람들

....

〈합 2~습 1〉

16. 합 2장에 나오는 구절이 아닌 것은 어느 것입니까?
가) "오직 여호와는 성전에 계시니 온 땅은 그 앞에서 잠잠할지니라"
나) "여호와의 영광을 인정하는 것이 세상에 가득함이니라"
다) "이 묵시는 정한 때가 있나니 그 종말이 속히 이르겠고 결코 거짓되지 아니하리라"
라) "나는 여호와로 말미암아 즐거워하며 나의 구원의 하나님으로 말미암아 기뻐하리로다"

17. 합 3장의 내용과 설명으로 옳지 않은 것은 어느 것입니까?
가) 하박국 선지자의 기도와 찬양
나) 진노 중에라도 긍휼을 잊지 말아 달라는 선지자의 기도
다) 가진 것이 많아야 참 기쁨을 누릴 수 있다고 생각하는 하박국
라) 다가올 심판 때문에 공포감을 느꼈지만 구원의 하나님으로 인해 기

빼하는 선지자

18. 습 1장에 나오는 여호와의 날에 대한 내용이 아닌 것은 어느 것입니까?
가) 환난과 고통의 날
나) 여호와의 큰 날
다) 여호와의 희생의 날
라) 성전을 재건하는 날

〈습 2~학 2〉

19. "여호와의 규례를 지키는 세상의 모든 겸손한 자들"이 찾고 구해야 할 것들은 무엇입니까?
가) 여호와 그리고 공의와 겸손
나) 자존감 그리고 민주주의와 인권
다) 메시야 그리고 평화와 번영
라) 성령 그리고 정직과 성실

20. 하나님이 유다 총독 스룹바벨의 마음, 대제사장 여호수아의 마음, 남은 모든 백성의 마음을 감동시켰다는 말씀에서 '감동'이라는 말의 뜻과 거리가 먼 것은 어느 것입니까?
가) 마음의 움직임
나) 열정과 결단
다) 영적 부흥
라) 신비 체험을 통한 황홀경

21. 하늘과 땅과 바다와 육지와 모든 나라를 진동시킬 분은 누구입니까?

제40주 (스가랴 1~마태복음 5)

〈슥 1~3〉

1. 슥 1장에 나오는 것들 중 스가랴 선지자가 본 것이 아닌 것은 어느 것입니까?

가) 붉은 말을 탄 사람
나) 척량줄
다) 네 뿔
라) 대장장이 네 명

2. 슥 2장의 내용으로 가장 옳은 것은 어느 것입니까?

가) 예루살렘의 멸망
나) 예루살렘의 고난
다) 예루살렘의 회복
라) 예루살렘의 타락

3. 슥 3장에 나오는 존재에 해당되지 않는 것은 어느 것입니까?

가) 대제사장
나) 사탄
다) 여호와의 사자
라) 모세
마) 여호와의 종 싹(the Branch)

〈슥 4~7〉

4. 다음 괄호에 들어갈 말을 찾아 쓰시오.

"이는 힘으로 되지 아니하며 능력으로 되지 아니하고 오직 (　　　　) 으로 되느니라"

5. 스가랴가 본 것들이 아닌 것을 슥 5~6장을 읽고 고르시오.
가) 날아가는 두루마리
나) 다림줄
다) 네 병거
라) 말들

6. 하나님의 말씀을 듣지 않는 자들의 마음을 무엇에 비유하였습니까?
가) 금강석
나) 바람
다) 황무지
라) 벧엘 사람

〈슥 8~11〉

7. 슥 8장의 내용으로 옳지 않은 것은 어느 것입니까?
가) 예루살렘이 회복될 것이다.
나) 여호와를 찾는 이방인들이 은혜를 얻을 것이다.
다) 예루살렘의 남은 백성이 심판받을 것이다.
라) 여호와가 예루살렘을 떠날 것이다.

8. 슥 9~10장 내용 중에서 구원자 예수님이 예루살렘에 입성하실 때의 모습을 예언한 구절은 몇 장 몇 절입니까?

9. 슥 11장 16절의 '한 목자'에 대한 설명으로 옳지 않은 것은 어느 것입니까?
가) 양 떼를 버린 못된 목자
나) 상한 자를 고치지 아니하는 목자
다) 흩어진 자를 찾는 선한 목자
라) 팔과 눈에 심판의 칼을 맞을 못된 목자

⟨슥 12~14⟩

10. 슥 12장에 나타난 하나님의 모습이 아닌 것은 어느 것입니까?
가) 하늘과 땅을 지으신 하나님
나) 유다보다 먼저 이방을 구원하시는 하나님
다) 사람 안에 심령을 지으신 하나님
라) 은총과 간구하는 심령을 부어 주시는 하나님

11. '죄와 더러움을 씻는 샘'은 무엇입니까?
가) 야곱이 파놓은 우물
나) 요단 강
다) 예수 그리스도의 십자가 보혈
라) 정수된 물

12. 슥 14장의 내용 중 예수 그리스도와 전혀 관계가 없는 말은 어느 것입니까?
가) 생수
나) 천하의 왕
다) 주
라) 가나안 사람

⟨말 1~3⟩

13. 말 1장에서 가장 많이 나오는 말은 어느 것입니까?
가) 여호와
나) 단
다) 제물
라) 이방

14. 다음 괄호에 들어갈 말을 찾아 쓰시오.

"제사장의 입술은 지식을 지켜야 하겠고 사람들은 그의 입에서( ) 을 구하게 되어야 할 것이니 제사장은 만군의 여호와의 ( )가 됨이어늘"

15. 말 3장의 내용으로 옳지 않은 것은 어느 것입니까?
가) 언약의 사자인 그리스도가 오실 것이라는 약속
나) 야곱 자손들의 소멸
다) 십일조와 헌물에 대한 교훈
라) 악인과 의인의 분별

〈말 4~마 2〉

16. 말 4장에 하나님이 보내시겠다고 약속하신 '선지 엘리야'는 신약 시대에 올 사람인데 다음 중 누구입니까? (마 3장 참고)
가) 모세
나) 엘리야
다) 세례 요한
라) 예수

17. 마 1장을 읽고 예수님의 계보에 나타난 5명의 여인들의 이름 또는 가리키는 말을 쓰시오.

18. 마 1~2장에 나타난 예수님의 이름 또는 호칭이 아닌 것은 어느 것입니까?
가) 그리스도
나) 구원자
다) 임마누엘
라) 동방 박사
마) 이스라엘의 목자
바) 나사렛 사람

사) 아브라함과 다윗의 자손
아) 유대인의 왕

〈마 3~5〉

19. 세례 요한이 전한 내용이 아닌 것은 어느 것입니까?
가) 정치 개혁
나) 회개
다) 천국
라) 세례
마) 예수
바) 성령
사) 심판

20. 예수님이 마귀의 시험을 받으실 때 사탄의 입에서 나온 예수님의 칭호는 무엇입니까?

21. 마 5장에서 자주 나오는 "나는 너희에게 이르노니"라는 예수님의 말씀에 대한 가장 옳은 설명은 어느 것입니까?
가) 모세의 율법을 폐하시는(무효로 하시는) 예수님의 말씀
나) 모세의 율법을 예수님이 완전케 하시는 말씀
다) 모세의 율법을 잘 모르시고 하시는 예수님의 말씀
라) 모세의 율법에 나오는 내용을 싫어하시는 예수님의 말씀

제41주 (마태복음 6~28)

〈마 6~8〉

1. 예수님의 교훈 중에서 마 6장에 나타나지 않는 것은 어느 것입니까?
가) 구제에 대한 교훈
나) 기도에 대한 교훈
다) 금식에 대한 교훈
라) 빛과 소금에 대한 교훈

2. 다음 중에서 천국에 들어가는 사람들은 어떤 사람들입니까?
가) 양의 모습을 하고 있으나 실상은 이리와 같은 거짓 선지자들
나) 말씀대로 행하지는 않지만 주의 이름으로 귀신도 쫓아내고 많은 권능을 행한 사람들
다) 생명으로 인도하는 문인 그리스도에게로 나아가 그분의 말씀을 듣고 행하는 자들
라) 세상 많은 사람들이 가는 멸망의 넓은 길을 향하는 사람들

3. 마 8장에 나오는 사람들 중에서 다음 중 병자가 아닌 사람은 어떤 사람입니까?
가) 베드로의 장모
나) 백부장의 하인
다) 백부장
라) 문둥병자

〈마 9~11〉

4. 마 9장에 나타난 예수님의 모습이 아닌 것은 어느 것입니까?
가) 병을 고치는 능력은 있지만 죄 사함을 줄 수 없는 선지자

나) 죄인으로 낙인찍힌 사람을 제자로 부르시는 선생
다) 소경을 고친 다윗의 자손으로 오신 주
라) 천국 복음을 전파하시는 예수

5. 마 10장에 나오는 다음 단어들 중 서로 짝이 맞지 않는 것은 어느 것입니까?
가) 천국과 지옥
나) 몸과 영혼
다) 성령과 권능
라) 심판과 구원

6. 다음 괄호에 들어갈 말을 찾아 쓰시오.
"내 아버지께서 모든 것을 내게 주셨으니 아버지 외에는 아들을 아는 자가 없고 아들과 또 (   )대로 계시를 받는 자 외에는 아버지를 아는 자가 없느니라"

〈마 12~15〉

7. 마 12장에서 예수님이 자기 자신에 대해 칭한 것으로 옳지 않은 것은 어느 것입니까?
가) 다윗의 자손
나) 성전보다 더 큰 이
다) 안식일의 주인
라) 요나보다 더 큰 이

8. 천국의 비밀을 아는 것이 허락된 사람들은 어떤 사람들입니까?
가) 예수님의 제자들과 예수님을 믿는 모든 사람들
나) 이스라엘 사람들
다) 서기관들과 바리새인들
라) 세상 모든 사람들

9. 마 14장과 15장에 나오는 예수님의 말씀이 아닌 것은 어느 것입니까?
가) "안심하라 나니 두려워 말라"
나) "진실로 하나님의 아들이로소이다"
다) "여자여 네 믿음이 크도다"
라) "듣고 깨달으라"

〈마 16~19〉

10. 시몬 베드로의 신앙고백을 쓰고 몇 장 몇 절인지 쓰시오.

11. 예수님이 말씀하신 '천국에서 큰 자'는 어떤 사람입니까?
가) 모세와 엘리야가 나타난 높은 산에 있는 3명의 제자들처럼 신비스러운 체험을 한 자
나) 교회의 지도자
다) 예수를 믿고 어린아이와 같이 자기를 낮추는 자
라) 귀신을 쫓아내는 능력 있는 자

12. "무슨 선한 일을 하여야 영생을 얻으리이까"라고 질문한 청년이 근심하고 예수님을 떠난 이유는 무엇입니까?
가) 선한 일 대신 악한 일을 많이 해왔기 때문에
나) 쌓아둔 재물로 구제를 하기 아까워서
다) 부모와 자식이 기다리고 있어서
라) 예수님이 마음에 들지 않아서

〈마 20~22〉

13. 예수님이 세상에 오신 목적이 기록된 구절은 몇 장 몇 절입니까?

14. 다음 괄호에 들어갈 말을 찾아 쓰시오.

"너희가 (　　　)할 때에 무엇이든지 믿고 구하는 것은 다 받으리라"

15. 다윗이 시편(110:1 참고)에서 하나님과 또 누구를 '주'로 불렀다고 예수님은 말씀하십니까?

가) 아브라함

나) 사울 왕

다) 예수 그리스도

라) 모세

〈마 23~25〉

16. 마 23장에서 예수님은 어떤 사람들에게 화가 있을 것이라 하십니까?

가) 외식이 없는 선한 바리새인과 서기관들

나) 신자들을 사사로이 이용하고 탐욕과 위선이 가득 찬 신앙 지도자들

다) 뱀과 독사를 먹는 사람들

라) 예루살렘에 사는 모든 사람들

17. 예수님의 재림의 시기에 대한 내용으로 옳은 것은 어느 것입니까?

가) 기도를 많이 하는 사람은 알 수 있다.

나) 천사들은 알고 있기 때문에 꿈이나 환상을 통해 천사의 계시를 받은 사람은 알 수 있다.

다) 성육신하신 예수님은 정확히 알고 계신다.

라) 아무도 모르고 오직 하나님 아버지만 알고 계신다.

18. 마 25장에 나오는 예수님의 가르침이 아닌 것은 어느 것입니까?

가) 최후의 심판

나) 천국

다) 재림

라) 천지창조

〈마 26~28〉

19. 마 26장에 나오는 내용으로 옳지 않은 것은 어느 것입니까?
가) "그리스도야 우리에게 선지자 노릇을 하라"
나) "제자들의 절반이 예수를 버리고 도망하니라"
다) "이것은 죄 사함을 얻게 하려고 많은 사람을 위하여 흘리는 바 나의 피 곧 언약의 피니라"
라) "시험에 들지 않게 깨어 기도하라"

20. 마 27장의 내용으로 가장 옳은 것은 어느 것입니까?
가) 택한 백성을 위해 십자가에서 대속의 죽음을 당하신 구원자 예수 그리스도
나) 유대인의 법을 어겨 죄 값을 치르시는 선지자 예수
다) 로마의 압제에서 백성을 구하지 못한 대가로 죽임을 당한 실패의 왕 예수
라) 평등과 자유를 외치다가 순교했지만 훌륭한 도덕 정신으로 세상을 다스리는 통치자 예수

21. "볼지어다 내가 세상 끝날까지 너희와 항상 함께 있으리라"는 말씀과 거리가 먼 것은 어느 것입니까?
가) 임마누엘
나) 그리스도와 교회
다) 언약
라) 신비주의

제42주 (마가복음 1~누가복음 7)

〈막 1~3〉

1. 예수님에 대해서 말한 이와 그 표현이 잘못 짝지어진 것은 어느 것입니까?

가) 마가 : 하나님의 아들

나) 세례 요한 : 나보다 능력 많으신 이

다) 하나님 : 내 사랑하는 아들

라) 더러운 귀신 들린 사람 : 나사렛 예수

마) 더러운 귀신 들린 사람 : 하나님의 거룩한 자

바) 나병환자 : 권세 있는 자

2. 막 2장에 나타난 '인자'(예수 그리스도)에 대한 내용으로 옳지 않은 것은 어느 것입니까?

가) 죄를 사하는 권세가 있는 분

나) 의인을 부르러 오신 분

다) 신랑

라) 안식일의 주인

3. 사람들과 예수님의 가족들은 "그가 미쳤다"라고 말하거나 생각했지만 유일하게 "당신은 하나님의 아들이니이다"라고 부르짖어 말한 이들은 어떤 사람들입니까?

가) 열두 제자들

나) 예루살렘에서 온 서기관들

다) 더러운 귀신들

라) 베드로

〈막 4~6〉

4. 누구에게 하나님 나라의 비밀이 주어졌습니까?
가) 종교 지도자들
나) 학식이 많은 사람들
다) 율법학자들
라) 예수님을 믿는 제자들

5. 막 5장에 나타나지 않는 사람은 누구입니까?
가) 더러운 귀신 들린 사람
나) 시몬의 장모
다) 야이로
라) 혈루증 여인

6. 제자들이 예수님을 보고 무서워 소리를 지른 이유는 무엇입니까?
가) 바다 위로 걸어오시는 것을 보고
나) 유령으로 변해서
다) 죽은 세례 요한이 살아난 줄 알고
라) 광풍이 그쳐서

〈막 7~10〉

7. 막 7장과 8장에 나오는 말씀이 아닌 것은 어느 것입니까?
가) "사람 안에서 나오는 것이 사람을 더럽게 하는 것이니라"
나) "주는 그리스도시니이다"
다) "거기는 구더기도 죽지 않고 불도 꺼지지 아니하느니라"
라) "나와 내 말을 부끄러워하면 인자도 아버지의 영광으로 거룩한 천사들과 함께 올 때에 그 사람을 부끄러워하리라"

8. 베드로와 요한과 야고보에게 광채를 띤 특별한 모습으로 나타난 사람

들로 옳지 않은 것은 어느 것입니까?
가) 예수님
나) 엘리야
다) 사무엘
라) 모세

9. 예수님이 세상에 오신 목적과 거리가 먼 것은 어느 것입니까?
가) 많은 사람의 대속물이 되기 위해서
나) 사람들로부터 섬김을 받기 위해서
다) 사람들을 섬기기 위해서
라) 하나님의 뜻을 이루기 위해서

〈막 11~14〉

10. 막 11장과 12장의 내용에서 서로 반대 또는 대조가 되는 말들을 짝지어 놓은 것들 중 옳지 않은 것은 어느 것입니까?
가) 강도의 소굴 : 만민이 기도하는 집
나) 두 렙돈 : 생활비 전부
다) 버린 돌 : 머릿돌
라) 하나님 사랑 : 이웃 사랑

11. 예수님이 말씀하신 종말에 대한 가르침으로 옳지 않은 것은 어느 것입니까?
가) 많은 사람이 예수님의 이름을 빙자해서 사람들을 현혹할 것이다.
나) 복음이 만국에 전파된 후에 종말이 올 것이다.
다) 거짓 그리스도들과 거짓 선지자들이 기사와 이적을 통해 택한 백성을 미혹할 것이다.
라) 인자가 구름을 타고 오실 재림의 날은 기도를 많이 하면 알 수 있을 것이다.

12. "네가 찬송 받을 이의 아들 그리스도냐"라고 물은 사람은 누구입니까?
가) 본디오 빌라도
나) 바리새인
다) 대제사장
라) 로마 군병

〈막 15~눅 1〉

13. 예수님이 십자가에서 돌아가신 직후 발생한 사건이 아닌 것 두 가지를 고르시오.
가) 성소 휘장이 위에서 아래로 찢어져 둘로 나누어졌다.
나) 온 땅에 갑자기 어두움이 임하게 되었다.
다) 십자가 옆에 섰던 백부장이 예수님의 죽으심을 본 후 하나님의 아들이었다고 고백했다.
라) 지나가는 사람들이 예수님을 모욕했다.

14. 부활하신 예수님에 대한 이야기를 들은 사람들의 처음 반응으로 옳지 않은 것은 어느 것입니까?
가) 무서워 떨고 도망갔다.
나) 아무에게 아무 말도 못했다.
다) 믿지 않았다.
라) 믿고 뛸 듯이 기뻐했다.

15. 눅 1장에서 세례 요한, 엘리사벳, 사가랴에 관련해서 나오는 똑같은 표현은 무엇입니까?
가) "무서워하지 말라"
나) "성령의 충만함을 받아"
다) "주께서 너와 함께 하시도다"
라) "말씀대로"

〈눅 2~4〉

16. 눅 2장에 나오는 말이 아닌 것은 어느 것입니까?
가) "성령이 그 위에 계시더라"
나) "성령의 지시를 받았더니"
다) "성령이 네게 임하시고"
라) "성령의 감동으로"

17. 눅 3장과 4장에 나타난 성령에 관한 표현이 아닌 것은 어느 것입니까?
가) "그는 성령과 불로 너희에게 세례를…"
나) "성령이 비둘기 같은 형체로…"
다) "성령의 충만함을 입어"
라) "성령에게 이끌리시며"
마) "성령의 능력으로"
바) "성령께서 열병을 꾸짖으신대 병이 떠나고"
사) "주의 성령이 내게 임하셨으니"

18. 예수님이 마귀에게 시험받으실 때 예수님이 하신 말로 옳지 않은 것은 어느 것입니까?
가) "이 글이 오늘 너희 귀에 응하였느니라"
나) "사람이 떡으로만 살 것이 아니라 하였느니라"
다) "주 너의 하나님께 경배하고 다만 그를 섬기라 하였느니라"
라) "주 너의 하나님을 시험하지 말라 하였느니라"

〈눅 5~7〉

19. "주여 나를 떠나소서 나는 죄인이로소이다"라고 예수님께 고백한 사람은 누구입니까?

20. 다음 괄호에 들어갈 말을 찾아 쓰시오.

"너희는 나를 불러 (   ) 하면서도 어찌하여 내가 말하는 것을 행하지 아니하느냐"

21. 바리새인과 율법사들에 관련해서 예수님은 무슨 말씀을 하셨습니까?

가) "네 죄 사함을 받았느니라"
나) "그들 자신을 위한 하나님의 뜻을 저버리니라"
다) "이스라엘 중에서도 이만한 믿음은 만나보지 못하였노라"
라) "평안히 가라"

제43주 (누가복음 8~요한복음 6)

〈눅 8~10〉

1. 다음 괄호에 들어갈 말을 찾아 쓰시오.

– "(   )이 너희에게는 허락되었으나 다른 사람에게는 비유로 하나니…"
– "내 어머니와 내 동생들은 곧 (   )을 듣고 행하는 이 사람들이라"

2. 다음 중 옳게 짝지어지지 않은 것은 어느 것입니까?

가) 헤롯 : "이 사람이 누군가"
나) 베드로 : "하나님의 그리스도시니이다"
다) 예수 : "손에 쟁기를 잡고 뒤를 돌아보는 자는 하나님의 나라에 합당하지 아니하니라"
라) 요한 : "어디로 가시든지 나는 따르리이다"

3. 하나님과 이웃을 사랑하는데 가장 우선되고 또 최대한 사용되어야 할 것들은 어떤 것들입니까?

가) 율법, 제사, 명예, 직분

나) 마음, 목숨, 힘, 뜻

다) 돈, 재물, 재능, 지식

라) 음식, 일, 염려, 근심

....

〈눅 11~13〉

4. 예수님은 어떤 자가 복이 있다고 하셨습니까?

가) 지식의 열쇠를 가진 율법사

나) 하나님의 말씀을 듣고 지키는 자

다) 겉이 깨끗한 바리새인

라) 주기도문을 잘 외우는 자

5. 눅 12장에 나오는 말씀이 아닌 것은 어느 것입니까?

가) "다만 너희는 그의 나라를 구하라 그리하면 이런 것들을 너희에게 더 하시리라"

나) "마땅히 할 말을 성령이 곧 그 때에 너희에게 가르치시리라"

다) "너희 하늘 아버지께서 구하는 자에게 성령을 주시지 않겠느냐"

라) "주인의 뜻을 알고도 준비하지 아니하고 그 뜻대로 행하지 아니한 종은 많이 맞을 것이요…"

6. 다음 내용들이 무엇을 말하는지 눅 13장을 읽고 찾아 쓰시오.

– 아브라함, 이삭, 야곱이 있는 곳

– 사람들이 동서남북으로부터 와서 참여하는 곳

– 채소밭에 심어진 겨자씨 한 알의 비유

– 가루 서 말 속에 들어가 전부 부풀게 한 누룩의 비유

〈눅 14~17〉

7. 예수님이 말씀하신 '제자'로 합당하지 않은 사람은 어떤 사람입니까?

가) 자기를 낮추는 자
나) 십자가를 지는 자
다) 소유 욕심이 강한 자
라) 돌아온 세리나 탕자처럼 회개한 자

8. 눅 16장에 있는 예수님의 말씀 중 '모세와 선지자들'이 뜻하는 것은 무엇입니까?

가) 율법과 선지자들의 말씀(성경 말씀)
나) 죽은 모세와 죽은 선지자들
다) 모세처럼 위대한 세상의 지도자들
라) 미래를 점치는 사람들

9. 눅 17장에 나오는 옛 인물들이나 사건들에 해당되지 않는 것은 어느 것입니까?

가) 노아의 방주
나) 불과 유황의 심판을 받은 소돔
다) 롯
라) 욥

〈눅 18~21〉

10. 눅 18장과 19장에서 예수님이 가르치신 내용이 아닌 것은 어느 것입니까?

가) 기도
나) 영생
다) 예수님의 죽으심

라) 구원
마) 세상의 종말과 부활

11. 예수를 잡고자 한 사람들은 누구입니까?

12. 다음 괄호에 들어갈 말을 찾아 쓰시오.
"인자 앞에 서도록 항상 (　　　)하며 (　　　) 있으라"

〈눅 22~24〉

13. 눅 22장의 내용으로 옳지 않은 것은 어느 것입니까?
가) 유다에게 사탄이 들어갔다.
나) 유다는 떡과 잔을 나누는 최후의 만찬에 참석하지 않았다.
다) 예수님이 감람 산에서 간절히 기도하실 때 천사가 와서 도왔다.
라) 베드로는 예수님을 세 번이나 모른다고 부인했다.

14. 예수님이 십자가에서 하신 말씀이 아닌 것은 어느 것입니까?
가) "아버지여 저들을 사하여 주옵소서 자기들이 하는 것을 알지 못함이니이다"
나) "내가 진실로 네게 이르노니 오늘 네가 나와 함께 낙원에 있으리라"
다) "이 사람은 정녕 의인이었도다"
라) "아버지 내 영혼을 아버지 손에 부탁하나이다"

15. 부활하신 예수님이 제자들에게 마음을 열어 성경을 깨닫게 하실 때 중요한 세 가지로 옳지 않은 것은 어느 것입니까?
가) 건강과 물질과 범사의 복
나) 예수님의 십자가
다) 예수님의 부활
라) 예수의 이름으로 죄 사함을 얻는 회개의 전파

〈요 1~3〉

16. 요 1장에서 예수님에 대해 가리키는 말이 아닌 것은 어느 것입니까?

가) 세상 죄를 지고 가는 하나님의 어린 양
나) 영접하는 자
다) 말씀
라) 메시야
마) 하나님의 아들
바) 모세와 선지자들이 기록한 그이

17. 예수님은 자신의 육체를 무엇에 비유하셨습니까?

18. 예수님을 믿음으로써 얻게 되는 가장 중요한 것은 무엇입니까?

〈요 4~6〉

19. 우물가의 사마리아 여인, 사마리아 사람들, 왕의 신하 및 가족들이 예수님을 믿게 된 직접적인 계기는 무엇입니까?

가) 예수님의 신비스러운 외모
나) 예수님이 행하신 기적
다) 예수님이 하신 말씀
라) 예수님에 대한 소문

20. 영생과 사망의 심판에 대한 말씀이 있는 구절은 몇 장 몇 절입니까?

21. 요 6장에 나오는 예수님의 말씀에 해당되지 않는 것은 어느 것입니까?

가) "내가 곧 생명의 떡이니라"

나) "내 아버지께서 오게 하여 주지 아니하시면 누구든지 내게 올 수 없다 하였노라"
다) "나를 보내신 이의 뜻은 내게 주신 자 중에 내가 하나도 잃어버리지 아니하고 마지막 날에 다시 살리는 이것이니라"
라) "죽은 자들이 하나님의 아들의 음성을 들을 때가 오나니 곧 이 때라 듣는 자는 살아나리라"

제44주 (요한복음 7~ 사도행전 8)

〈요 7~9〉

1. 성전에서 가르치신 예수님에 대한 내용으로 옳지 않은 것은?
가) 명절 초와 중간에 성전에서 가르치셨다.
나) 명절 중간과 끝에 가르치셨다.
다) 초막절 때 성전에서 가르치셨다.
라) 이 명절은 예수님의 '때'가 아니었다.

2. 요 8장에 나타난 예수님의 말씀 중 내용이 잘못된 것은 어느 것입니까?
가) "나는 세상의 빛이니 나를 따르는 자는 어둠에 다니지 아니하고 생명의 빛을 얻으리라"
나) "진리를 알지니 진리가 너희를 자유롭게 하리라"
다) "하나님께 속한 자는 하나님의 말씀을 듣나니 너희가 듣지 아니함은 하나님께 속하였음이라"
라) "진실로 진실로 너희에게 이르노니 사람이 내 말을 지키면 영원히 죽음을 보지 아니하리라"

3. 다음 중 말하는 자와 말의 내용이 잘못 짝지어진 것은 어느 것입니

까?

가) 예수님 : "내가 세상에 있는 동안에는 세상의 빛이로라"

나) 바리새인 : "이 사람이 안식일을 지키지 아니하니 하나님께로부터 온 자가 아니라"

다) 제자들 : "너는 하나님께 영광을 돌리라 우리는 이 사람이 의인인 줄 아노라"

라) 소경되었던 자 : "주여 내가 믿나이다"

〈요 10~12〉

4. 요 10장에 있는 말씀 중 잘못된 것은 어느 것입니까?

가) "성경은 폐하지 못하나니…"

나) "나와 아버지는 둘이니라"

다) "내가 온 것은 양으로 생명을 얻게 하고 더 풍성히 얻게 하려는 것이라"

라) "나는 선한 목자라…"

5. 다음 중 말하는 자와 말의 내용이 서로 맞지 않는 것은 어느 것입니까?

가) 예수님 : "나는 부활이요 생명이니 나를 믿는 자는 죽어도 살겠고…"

나) 마르다 : "주는 그리스도시요 세상에 오시는 하나님의 아들이신 줄 내가 믿나이다"

다) 가야바 : "너희가 아무 것도 알지 못하는도다"

라) 나사로 : "우리도 주와 함께 죽으러 가자"

6. 누구 때문에 많은 유대인들이 예수님을 믿게 되었습니까?

가) 마르다

나) 나사로

다) 마리아

라) 빌립과 안드레

〈요 13~16〉

7. 다음 중 서로 관계가 없는 것은 어느 것입니까?

가) 가룟 유다 : 그(예수님)가 사랑하시는 자

나) 새 계명 : "서로 사랑하라"

다) 작은 자들 : 제자들

라) 베드로 : "주여 어디로 가시나이까"

8. 요 13장 끝부분과 14장에서 질문하는 제자들의 이름과 그 질문에 따른 예수님의 답이 서로 잘못 짝지어진 것은 어느 것입니까?

가) 도마 : "내가 곧 길이요 진리요 생명이니 나로 말미암지 않고는 아버지께로 올 자가 없느니라"

나) 빌립 : "나를 본 자는 아버지를 보았거늘 어찌하여 아버지를 보이라 하느냐"

다) 야고보 : "내가 너희를 위하여 거처를 예비하러 가노니…"

라) 유다 : "너희가 듣는 말은 내 말이 아니요 나를 보내신 아버지의 말씀이니라"

9. 요 16장과 17장에 나타나는 말씀이 아닌 것은 어느 것입니까?

가) "영생은 곧 유일하신 참 하나님과 그가 보내신 자 예수 그리스도를 아는 것이니이다"

나) "내가 아버지께로부터 너희에게 보낼 보혜사 곧 아버지께로부터 나오시는 진리의 성령이 오실 때에 그가 나를 증언하실 것이요"

다) "그들을 진리로 거룩하게 하옵소서 아버지의 말씀은 진리니이다"

라) "진리의 성령이 오시면 그가 너희를 모든 진리 가운데로 인도하시리니 그가 스스로 말하지 않고 오직 들은 것을 말하며 장래 일을 너희에게 알리시리라"

〈요 17~20〉

10. 요 17장과 18장을 읽고 다음 괄호 속에 들어갈 말을 찾아 쓰시오.
- "내가 그들과 함께 있을 때에 내게 주신 아버지의 이름으로 그들을 보전하고 지키었나이다 그 중의 하나도 멸망하지 않고 다만 멸망의 자식뿐이오니 이는 (　　　)을 응하게 함이니이다"
- "내가 비옵는 것은 이 사람들만 위함이 아니요 또 (　　　　　)로 말미암아 나를 믿는 사람들도 위함이니"
- "무릇 (　　　)에 속한 자는 내 음성을 듣느니라"

11. 요 19장에 나오는 사람들 중에서 십자가 사건 현장과 관계가 없는 사람은 누구입니까?

가) 아리마대 사람 요셉
나) 니고데모
다) 본디오 빌라도
라) 가이사

12. 다음 중 말하는 자와 말의 내용이 옳지 않은 것은 어느 것입니까?

가) 도마 : "나의 주님이시요 나의 하나님이시니이다"
나) 요한 : "오직 이것을 기록함은 너희로 예수께서 하나님의 아들 그리스도이심을 믿게 하려 함이요 또 너희로 믿고 그 이름을 힘입어 생명을 얻게 하려 함이니라"
다) 시몬 베드로 : "사람들이 주님을 무덤에서 가져다가 어디 두었는지 우리가 알지 못하겠다"
라) 예수님 : "성령을 받으라"

〈요 21~행 2〉

13. 요 21장의 내용으로 옳은 것은 어느 것입니까?

가) 부활하신 주님은 제자들에게 두 번째 나타나셨다.

나) 부활하신 예수님은 떡과 고기를 드실 수 없는 몸이었다(눅 24:30~43 참고).

다) 백쉰세 마리의 물고기를 베드로 혼자서 잡았다.

라) '예수께서 사랑하시는 그 제자'(요13:23, 19:26, 21:7, 21:20)는 베드로가 아니라 요한이다.

14. 부활하신 예수님이 승천하신 후에 제자들이 한 일들이 아닌 것은 어느 것입니까?

가) 가룟 유다가 자기 대신 다른 사람이 제자로 뽑힌 것을 알고 목을 매어 자살했다.

나) 제자들을 포함한 120명의 무리들이 다락방에서 기도하고 있었다.

다) 베드로가 12명에서 하나 부족한 제자를 뽑자고 해서 맛디아를 뽑게 되었다.

라) 제자들은 예루살렘에 모였다.

15. 행 2장의 내용과 거리가 먼 것은 어느 것입니까?

가) 오순절

나) 성령강림

다) 모세와 다윗의 말을 인용한 설교

라) 베드로의 설교

〈행 3~5〉

16. 다음 괄호에 들어갈 말을 찾아 쓰시오.

"너희가 (　　)하고 돌이켜 너희 죄없이 함을 받으라 이같이 하면 새롭게 되는 날이 주 앞으로부터 이를 것이요"

17. "다른 이로서는 구원을 얻을 수 없나니 천하 인간에 구원을 얻을 만한 다른 이름을 우리에게 주신 일이 없음이니라"는 말에 대한 내용으로 옳은 것은 어느 것입니까?

가) 예수님 외에는 구원자가 없다.
나) 예수님은 이름이 하나밖에 없다.
다) 천하 인간은 유대인을 말한다.
라) 예수님 외에도 구원자가 많다.

18. 하나님이 자기를 순종하는 자에게 주시는 것은 무엇입니까?

〈행 6~8〉

19. 일곱 집사에 대한 내용으로 옳지 않은 것은 어느 것입니까?
가) 스데반, 빌립, 브로고로, 니가노르, 디몬, 바메나, 니골라
나) 집사는 구제하는 일을 하고 사도들이 말씀과 기도에 전념할 수 있도록 돕기 위해 세워졌다.
다) 형제들이 택하고 사도들은 기도한 후 그들에게 안수했다.
라) 학식이 있고 칭찬 듣는 사람들 중에서 선택되었다.

20. 구약 내용을 요약하여 설교한 다음 돌에 맞아 순교한 사람은 누구입니까?

21. 행 8장에서 베드로가 말한 하나님의 선물은 무엇입니까?

제45주 (사도행전 9~로마서 1)

〈행 9~11〉

1. 행 9장에 나오지 않는 사람은 어떤 사람입니까?
가) 사울
나) 아나니아

다) 애니아
라) 요한
마) 다비다
바) 베드로
사) 바나바

2. 행 10장에 표현된 성령에 대한 말씀으로 옳지 않은 것은 어느 것입니까?
가) 내려오시는 성령
나) 올라가시는 성령
다) 부어지는 성령
라) 받게 되는 성령

3. 제자들이 처음으로 '그리스도인'(크리스천)으로 불리게 된 곳은 어디입니까?

〈행 12~14〉

4. 행 12장에 나타나 있는 기적 또는 희한한 사건에 해당되지 않는 것은 어느 것입니까?
가) 감옥에 묶여 있던 베드로가 천사의 말을 들을 때 쇠사슬이 저절로 벗어졌다.
나) 천사와 함께 베드로가 성문에 이르렀을 때 쇠로 된 성문이 저절로 열렸다.
다) 베드로가 비몽사몽 간에 그릇이 하늘에서 내려오는 환상을 보았다.
라) 하나님께 영광을 돌리지 않은 헤롯이 벌레에 먹혀 죽게 되었다.

5. 다음 괄호에 들어갈 말을 찾아 쓰시오.
– "바울이라고 하는 사울이 (   )이 충만하여 그를 주목하고 이르되…"

- "하나님이 ( )하신 대로 이 사람의 후손에서 이스라엘을 위하여 ( )를 세우셨으니 곧 ( )라"
- "영생을 주시기로 ( )된 자는 다 믿더라"
- "제자들은 ( )과 ( )이 충만하니라"

6. 하나님이 살아 계신다는 사실이 모든 사람들에게 증거되었다고 전하면서 했던 바울의 말은 어느 것입니까?

가) 천지와 바다를 지으심으로

나) 결실을 할 수 있도록 하늘에서 비를 내려주셔서 먹을 수 있는 기쁨을 주심으로

다) 만유(세상에 존재하는 모든 것들)를 지으심으로

라) 모든 족속이 자기 길들을 다니도록 놓아두심으로

〈행 15~17〉

7. 유대인과 이방인이 구원을 받는 방법은 무엇입니까?

가) 유대인은 하나님의 선택을 뜻하는 할례로, 이방인은 주 예수의 은혜로

나) 유대인과 이방인이 모두 하나님의 선택을 뜻하는 할례로

다) 유대인과 이방인이 모두 주 예수의 은혜로

라) 유대인과 이방인 구별 없이 어떤 사람은 할례로, 어떤 사람은 은혜로

8. 행 16장에 나오는 믿음의 사람들이 아닌 것은 어느 것입니까?

가) 디모데의 어머니

나) 루디아

다) 바울과 실라

라) 귀신 들린 여종의 주인들

9. 바울의 설교 중에 하나님이 이제는 사람들로 하여금 '하도록 명령하

셨다는 것'은 무엇입니까?

가) 회개

나) 우상을 섬기는 일

다) 원하는 종교를 마음대로 갖는 일

라) 선행

〈행 18~20〉

10. 주님이 바울에게 환상으로 나타나셔서 하신 말씀으로 옳지 않은 것은 어느 것입니까?

가) "두려워하지 말라"

나) "침묵하지 말고 말하라"

다) "내가 너와 함께 있다"

라) "이 성에 내 백성이 많지 않다"

11. 행 19장에 나오는 성이나 장소가 아닌 것은 어느 것입니까?

가) 알렉산드리아

나) 두란노 서원

다) 에베소

라) 마게도냐

12. 행 20장을 읽고 바울의 사명에 대한 구절이 몇 절인지 쓰시오.

〈행 21~23〉

13. "나는 주 예수의 이름을 위하여 결박 당할 뿐 아니라 예루살렘에서 죽을 것도 각오하였노라"고 말한 사람은 누구입니까?

14. 행 22장은 누가 누구에 대해 말한 내용입니까?

가) 바울이 스데반에 대해

나) 바울이 예수님에 대해
다) 바울이 바울 자신에 대해
라) 예수님이 바울에 대해

15. 다음 괄호에 들어갈 말을 찾아 쓰시오.
"그 날 밤에 주께서 (　　　　　　) 이르시되 '담대하라 네가 예루살렘에서 나의 일을 증거한 것 같이 로마에서도 증거하여야 하리라' 하시니라"

〈행 24~26〉

16. 다음에 들어갈 말을 찾아 쓰시오.
"하나님께 향한 소망을 나도 가졌으니 곧 의인과 악인의 (　　　　)이 있으리라 함이라"

17. 행 25장의 재판에 대한 내용을 읽고 다음 중에서 서로 짝이 옳지 않은 것을 고르시오.
가) 베스도 : 유대 총독
나) 베스도 : 대제사장
다) 아그립바 : 유대 왕
라) 가이사 : 로마 황제

18. 아그립바 앞에서 변론하는 바울의 말 속에 들어 있지 않은 것은 어느 것입니까?
가) "해보다 더 밝은 빛이 와서 나와 내 동행들을 둘러 비추는지라"
나) "나는 네가 박해하는 예수라"
다) "이 사람은 사형이나 결박 당할 만한 행위가 없다"
라) "내가 미친 것이 아니요 참되고 온전한 말을 하나이다"

〈행 27~롬 1〉

19. 바울이 난파된 배에서 사람들을 안심시킬 수 있었던 이유는 무엇입니까?

가) 하나님의 사자가 나타나 한 말을 듣고 하나님이 함께 하심을 믿었기 때문에

나) 어려울수록 강력한 지도력이 필요하다고 생각했기 때문에

다) 배에 문제가 생기더라도 유능한 기술자들이 있을 것이라는 믿음 때문에

라) 경험이 많은 선장과 항해사가 있었기 때문에

20. 사도행전 마지막에 관한 내용으로 옳지 않은 것은 어느 것입니까?

가) 바울은 2년간 로마의 셋집에서 열심히 복음을 전했다.

나) 특별히 날짜를 정해서 사람들이 찾아올 때는 아침부터 저녁까지 설교하고 가르쳤다.

다) 바울의 말을 듣고 모든 사람들이 믿게 되어 바울이 기뻐했다.

라) 바울이 복음을 전하는 것을 사람들이 금하지 못했다.

21. 롬 1장 앞부분(1~17절)과 뒷부분(18~32절)에 대한 내용으로 옳지 않은 것은 어느 것입니까?

가) 유대인과 헬라인

나) 복음과 하나님의 진노

다) 부르심을 입은 자와 진리를 막는 사람들

라) 의인과 악인

제46주 (로마서 2~고린도전서 8)

〈롬 2~4〉

1. 다음 중 롬 2장에 나오는 내용이 아닌 것은 어느 것입니까?
가) 하나님은 사람이 행한 대로 보응하신다.
나) 하나님 앞에서는 율법을 듣는 자가 의인이다.
다) 하나님은 외모로 사람을 취하지 않으신다.
라) 하나님 앞에서는 율법을 행하는 자가 의인이다.

2. 죄인이 값없이 의롭게 되는 이유는 무엇입니까?
가) 은혜가 모든 죄인에게 주어지기 때문에
나) 예수와 상관없이 하나님만 믿으면 되기 때문에
다) 그리스도를 통한 하나님의 은혜 때문에
라) 할례를 받으면 하나님의 백성이 되기 때문에

3. 다음 괄호에 들어갈 말을 찾아 쓰시오.
"(　　　)는 우리가 범죄한 것 때문에 내줌이 되고 또한 우리를 의롭다 하심을 위하여 살아나셨느니라"

〈롬 5~7〉

4. 예수님의 대속의 죽으심을 나타내는 말이 아닌 것은 어느 것입니까?
가) 하나님의 은사
나) 하나님의 은혜
다) 하나님의 선물
라) 하나님의 율법

5. 다음 괄호에 들어갈 말을 찾아 쓰시오.

"죄의 삯은 (   )이요 하나님의 은사는 그리스도 예수 우리 주 안에 있는 (   )이니라"

6. "오호라 나는 곤고한 사람이로다 이 사망의 몸에서 누가 나를 건져내랴"라고 말한 사람은 누구입니까?

가) 예수
나) 베드로
다) 바울
라) 요한

〈롬 8~12〉

7. 다음 중 롬 8~9장에 나오는 말씀이 아닌 것은 어느 것입니까?

가) "우리를 우리 주 그리스도 예수 안에 있는 하나님의 사랑에서 끊을 수 없으리라"
나) "그리스도께서 죽은 자 가운데서 살아나셨으매 다시 죽지 아니하시고…"
다) "성령이 하나님의 뜻대로 성도를 위하여 간구하심이니라"
라) "그런즉 하나님께서 하고자 하시는 자를 긍휼히 여기시고 하고자 하시는 자를 완악하게 하시느니라"

8. 롬 10~11장을 읽고 아래 괄호에 들어갈 말을 찾아 쓰시오.

- "(   )는 모든 믿는 자에게 의를 이루기 위하여 율법의 마침이 되시니라"
- "누구든지 주의 이름을 부르는 자는 (   )을 받으리라"
- "이는 만물이 (   )에게서 나오고 (   )로 말미암고 (   )에게로 돌아감이라 그에게 영광이 세세에 있을지어다 아멘"

9. 롬 12장에 나오는 내용이 아닌 것은 어느 것입니까?

가) 찬송
나) 은사
다) 예배
라) 축복
마) 기도
바) 선한 일

〈롬 13~15〉

10. 롬 13장에 의하면 무엇이 '율법의 완성'입니까?
가) 권세에 대한 굴복
나) 선
다) 양심
라) 사랑

11. 다음 괄호에 들어갈 말을 찾아 쓰시오.
"(　　　　　)는 먹는 것과 마시는 것이 아니요 오직 성령 안에서 의와 평강과 희락이라"

12. 하나님이 바울을 예수 그리스도의 일꾼으로 만드신 이유는 무엇입니까?
가) 유대인의 구원을 위해
나) 이방인의 구원을 위해
다) 예루살렘 성도들을 살피도록
라) 유대인과 이방인의 화목을 위해

〈롬 16~고전 2〉

13. 롬 16장에서 바울이 말한 사람들과 각 사람들에 대한 설명이 서로 맞지 않는 것은 어느 것입니까?

가) 여러 사람과 나(바울)의 보호자가 된 우리 자매 뵈뵈
나) 나의 동역자들인 브리스가와 아굴라
다) 주 안에서 택하심을 입은 루포와 그 어머니
라) 아시아에서 그리스도께 처음 익은 열매인 나의 사랑하는 에배네도
마) 그리스도 안에서 인정함을 받은 가이오

14. 다음 괄호에 들어갈 말을 찾아 쓰시오.
"오직 부르심을 받은 자들에게는 유대인이나 헬라인이나 (   )는 하나님의 능력이요 하나님의 지혜니라"

15. 다음 괄호에 들어갈 말을 찾아 쓰시오.
"육에 속한 사람은 하나님의 (   )의 일들을 받지 아니하나니 이는 그것들이 그에게는 어리석게 보임이요, 또 그는 그것들을 알 수 없나니 그러한 일은 영적으로 분별되기 때문이라"

....
〈고전 3~5〉

16. 성도에 대한 바울의 말 중 옳지 않은 것은 어느 것입니까?
가) 하나님의 밭
나) 하나님의 집
다) 하나님의 집터
라) 하나님의 성전

17. 고전 4장에 나오는 말이 아닌 것은 어느 것입니까?
가) "맡은 자들에게 구할 것은 충성이니라"
나) "하나님의 나라는 말에 있지 아니하고 오직 능력에 있음이라"
다) "내가 너희에게 권하노니 너희는 나를 본받는 자가 되라"
라) "너희는 그리스도의 것이요 그리스도는 하나님의 것이니라"

18. 고전 5장에서 바울이 고린도 교회를 질책하는 이유는 무엇입니까?

가) 믿지 않는 외인들과 어울리는 성도가 많아서
나) 성도 중에 음행하는 자가 있고 그를 죄 가운데 그대로 놓아두어서
다) 교회 내에 음행이 있는 줄도 모를 정도로 서로 무관심해서
라) 교회에서 떡을 하려고 놓아둔 누룩을 누군가 다 치워버려서

〈고전 6~8〉

19. 고전 6장에 나오는 내용 중 고린도 교회에 명하거나 가르치는 내용이 아닌 것은 어느 것입니까?
가) 항상 기뻐하고 쉬지 말고 기도하고 범사에 감사할 것
나) 음행을 피할 것
다) 성도의 몸은 자신의 것이 아니라 하나님의 것이라는 것
라) 불의한 자는 하나님의 나라를 유업으로 받지 못한다는 것

20. 고전 7장에 나오는 내용이나 가르침이 아닌 것은 어느 것입니까?
가) 결혼
나) 독신
다) 동성연애
라) 재혼

21. 고전 8장의 가르침이 아닌 것은 어느 것입니까?
가) 교만하게 하는 지식
나) 덕을 세우는 사랑
다) 우상의 제물
라) 자녀의 결혼 문제

제47주 (고린도전서 9~고린도후서 13)

〈고전 9~11〉

1. 고전 9장에 나오는 바울의 말이 아닌 것은 어느 것입니까?

가) "이와 같이 주께서도 복음을 전하는 자들이 복음으로 말미암아 살리라 명하셨느니라"

나) "그런즉 너희의 자유가 믿음이 약한 자들에게 걸려 넘어지게 하는 일이 없도록 조심하라"

다) "내가 복음을 전할지라도 자랑할 것이 없음은 내가 부득불 할 일임이라"

라) "내가 복음을 위하여 모든 것을 행함은 복음에 참여하고자 함이라"

2. 다음 괄호에 들어갈 말을 찾아 쓰시오.

– "그런즉 선 줄로 생각하는 자는 (   )하라"

– "사람이 (   ) 밖에는 너희에게 당한 것이 없나니…"

– "그런즉 너희가 먹든지 마시든지 무엇을 하든지 다 (   )을 위하여 하라"

3. 다음 중 고전 11장에 나오는 내용과 전혀 관계가 없는 것은 어느 것입니까?

가) 고린도 교회 당시의 남자와 여자의 예배 규범

나) 성만찬에 관한 가르침

다) 남자와 여자의 차이

라) 결혼과 이혼에 관한 가르침

〈고전 12~14〉

4. 고전 12장에 나오는 성령의 은사가 아닌 것은 어느 것입니까?

가) 권위하는 일
나) 병 고침
다) 방언 통역
라) 지혜의 말씀

5. 고전 13장에 '사랑'이라는 말이 몇 회 나옵니까?
가) 7번
나) 8번
다) 9번
라) 10번

6. 바울의 가르침이 아닌 것은 어느 것입니까?
가) "모든 것을 품위 있게 하고 질서 있게 하라"
나) "방언을 말하는 자는 사람에게 하지 아니하고 하나님께 하나니…"
다) "하나님은 어지러움의 하나님이요 불화의 하나님이시니라"
라) "예언은 믿지 아니하는 자들을 위하지 않고 믿는 자들을 위함이니"

〈고전 15~고후 1〉

7. 다음 괄호에 들어갈 말을 찾아 쓰시오.
"(   ) 안에서 모든 사람이 죽은 것 같이 (   ) 안에서 모든 사람이 삶을 얻으리라"

8. 다음 중 16장에 나타난 바울의 말이 아닌 것은 어느 것입니까?
가) "너희 모든 일을 사랑으로 행하라"
나) "남자답게 강건하라"
다) "연보는 미리 하지 말고 내가 갈 때 하라"
라) "너희는 이런 사람들을 알아 주라"

9. 하나님이 그리스도 안에서 우리를 인치시고 보증으로 우리 마음에 무

엇을 주셨다고 바울은 말합니까?

〈고후 2~4〉

10. 그리스도인은 구원을 얻는 자들에게나 망하는 자들에게나 하나님 앞에서 무엇이라고 바울은 말합니까?

11. 고후 3장에 나오는 말이 아닌 것은 어느 것입니까?
가) 구약
나) 생명에 이르는 냄새
다) 추천서
라) 그리스도의 편지

12. "우리가 이 보배를 질그릇에 가졌으니"라는 말에서 '보배'와 '질그릇'을 가장 바르게 나타낸 것은 어느 것입니까?
가) 보석과 보석함
나) 복음과 성도
다) 그리스도와 하나님의 형상
라) 사도와 성도

〈고후 5~7〉

13. 고후 5장에 있는 말씀이 아닌 것은 어느 것입니까?
가) "그런즉 누구든지 그리스도 안에 있으면 새로운 피조물이라"
나) "그런즉 우리는 몸으로 있든지 떠나든지 주를 기쁘시게 하는 자가 되기를 힘쓰노라"
다) "그러므로 우리가 이제부터는 어떤 사람도 육신을 따라 알지 아니하노라"
라) "그런즉 사망은 우리 안에서 역사하고 생명은 너희 안에서 역사하느니라"

14. “하나님의 성전과 우상이 어찌 일치가 되리요 우리는 살아 계신 하나님의 (   )이라”

15. 고후 7장에 자주 나오는 말들이 아닌 것은 어느 것입니까?
가) 불순종
나) 근심
다) 후회
라) 기쁨(기뻐함)

〈고후 8~10〉

16. 고후 8장은 무엇에 대한 내용입니까?
가) 환난을 극복하라는 교훈
나) 마게도냐 교회들을 노우라는 말씀
다) 아낌없는 연보(헌금)를 하라는 말씀
라) 직분자들이 앞장서서 섬겨야 한다는 말씀

17. 고후 9장에서 바울이 가르치는 연보(헌금)에 대한 내용 중 옳지 않은 것은 어느 것입니까?
가) 미리 준비하여야 함
나) 남들이 하는 금액에 따라서 해야 함
다) 억지로가 아닌 자원하는 마음으로 해야 함
라) 인색함이 없이 후하게 하여야 함

18. 고린도 교회에 대한 바울의 걱정거리는 무엇입니까?
가) 화려한 말과 외모를 가지고 교인을 유혹하는 거짓 교사들
나) 복음을 전하는 데 필요한 연보에 대한 걱정
다) 복음을 전하는 데 있어서 육체가 피곤하고 힘들어 언제 쓰러질지 모르는 걱정
라) 고린도 교인들이 바울의 편지를 제대로 읽을 것인가에 대한 걱정

⟨고후 11~13⟩

19. 바울이 자신에 대해서 말한 내용으로 옳지 않은 것은 어느 것입니까?

가) 신부인 교회를 신랑인 그리스도께로 드리는 중매자 역할을 하고 있다고 했다.

나) 지식은 누구 못지않으나 말솜씨가 없다고 했다.

다) 자기 자신을 지극히 높이면서 살았다고 했다.

라) 복음을 전하느라 이루 말할 수 없는 고생을 했다고 했다.

20. 바울이 보았다는 환상과 계시에 대한 내용으로 옳은 것은 어느 것입니까?

가) 바울은 마음만 먹으면 언제라도 환상을 보고 계시를 받을 수 있었다.

나) 바울은 그리스도의 복음보다는 천국(낙원)을 보고 왔다는 자신의 간증을 가장 중요시했다.

다) 바울은 계시를 받아 천국을 경험했기에 모든 병이 다 나았고 늘 건강하다고 했다.

라) 바울은 14년 전에 체험한 천국(낙원)을 조심스럽고 겸손하게 말했다.

21. 다음 괄호에 들어갈 말을 찾아 쓰시오.

"주 ( )의 은혜와 ( )의 사랑과 ( )의 교통하심이 너희 무리와 함께 있을지어다"

제48주 (갈라디아서 1~데살로니가전서 3)

〈갈 1~3〉

1. 바울이 말하는 그리스도의 종으로 옳지 않은 것은 어느 것입니까?
가) 그리스도와 하나님께로 말미암은 종
나) 하나님을 기쁘시게 하는 종
다) 그리스도의 복음을 전하는 종
라) 사람을 기쁘게 하는 종

2. 다음 괄호에 들어갈 말을 찾아 쓰시오.
"내가 그리스도와 함께 (　　　　)에 못 박혔나니 그런즉 이제는 내가 산 것이 아니요 오직 내 안에 (　　　　)께서 사신 것이라…"

3. 다음 중 갈 3장에 나오는 구절이 아닌 것은 어느 것입니까?
가) "너희가 다 믿음으로 말미암아 그리스도 예수 안에서 하나님의 아들이 되었으니"
나) "사람이 의롭게 되는 것은 율법의 행위로 말미암음이 아니요 오직 예수 그리스도를 믿음으로 말미암는 줄 알므로 우리도 그리스도 예수를 믿나니…"
다) "이같이 율법이 우리를 그리스도에게로 인도하는 초등교사가 되어…"
라) "그리스도께서 우리를 위하여 저주를 받은 바 되사 율법의 저주에서 우리를 속량하셨으니 기록된 바 나무에 달린 자마다 저주 아래에 있는 자라 하였음이라"

〈갈 4~6〉

4. 갈 4장에 나오는 말이 아닌 것은 어느 것입니까?

가) 아빠 아버지
나) 그리스도의 형상
다) 성령의 약속
라) 약속의 자녀

5. 갈 5장에 나오는 성령에 대한 구절이 아닌 것은 어느 것입니까?
가) '성령의 열매'
나) '성령으로 종 노릇하라'
다) '성령을 따라 행하라'
라) '성령의 소욕'

6. 갈 6장에 나오는 바울의 말로 옳지 않은 것은 어느 것입니까?
가) "너도 시험을 받을까 두려워하라"
나) "사람이 무엇으로 심든지 그대로 거두리라"
다) "다시는 종의 멍에를 메지 말라"
라) "그리스도의 은혜가 너희 심령에 있을지어다"

〈엡 1~5〉

7. 엡 1장과 2장에서 바울이 가장 많이 쓰는 말은 어느 것입니까?
가) 그리스도 (예수) 안에서
나) 믿음으로 말미암아
다) 성령 안에서
라) 예정하사

8. 다음 괄호에 들어갈 말을 찾아 쓰시오.
"우리가 그 안에서 그를 (　　　　) 말미암아 담대함과 확신을 가지고 하나님께 나아감을 얻느니라"

9. 엡 4장과 5장에 나오는 다음 구절 중 옳지 않은 것은 어느 것입니

까?

가) “성령으로 충만함을 받으라”

나) “빛의 자녀들처럼 행하라”

다) “새 사람을 입으라”

라) “하나님의 성령을 근심하게 하지 말라”

마) “주의 뜻이 무엇인가 물어보라”

바) “마귀에게 틈을 주지 말라”

〈엡 6~빌 2〉

10. 엡 6장에서 바울이 부르는 사람들 가운데 속하지 않은 사람들은 어떤 사람들입니까?

가) 자녀들

나) 아비들

다) 종들

라) 아내들

마) 상전들

11. 빌 1장에 나오는 말이 아닌 것은 어느 것입니까?

가) 집사들

나) 예수 그리스도의 심장

다) 성령의 검

라) 의의 열매

12. 빌 2장에서 바울이 말한 ‘마음’에 대한 내용이 아닌 것은 어느 것입니까?

가) 착한 마음

나) 겸손한 마음

다) 예수의 마음

라) 한 마음

⟨빌 3~골 1⟩

13. 바울이 말한 그리스도인들로 옳지 않은 것은 어느 것입니까?
가) 성령으로 봉사하고 예수로 자랑하는 사람들
나) 시민권이 하늘에 있는 사람들
다) 그리스도를 아는 지식보다 세상 지식을 더 고상하게 여기는 사람들
라) 예수 안에서 푯대를 향하여 하나님이 주시는 상을 위해 좇아가는 사람들

14. 빌 4장에 나오는 구절이 아닌 것은 어느 것입니까?
가) "너희 안에서 행하시는 이는 하나님이시니 자기의 기쁘신 뜻을 위하여 너희에게 소원을 두고 행하게 하시나니 모든 일을 원망과 시비가 없이 하라"
나) "나의 하나님이 그리스도 예수 안에서 영광 가운데 그 풍성한 대로 너희 모든 쓸 것을 채우시리라"
다) "주 안에서 항상 기뻐하라 내가 다시 말하노니 기뻐하라"
라) "아무 것도 염려하지 말고 다만 모든 일에 기도와 간구로 너희 구할 것을 감사함으로 하나님께 아뢰라"

15. 골 1장에서 말하는 예수 그리스도에 대한 내용이 아닌 것은 어느 것입니까?
가) 보이지 아니하는 하나님의 형상
나) 교회의 머리
다) 죽은 자들 가운데서 먼저 나신 이
라) 근본 하나님의 본체

⟨골 2~4⟩

16. 그리스도를 나타내는 말이 아닌 것은 어느 것입니까?
가) 하나님의 비밀

나) 주
다) 장래 일의 그림자
라) 통치자와 권세의 머리

17. 골 3장에 나오는 바울의 말 중 옳지 않은 것은 어느 것입니까?
가) "위의 것을 찾으라"
나) "땅에 있는 지체를 죽이라"
다) "그리스도의 평강이 너희 마음을 주장하게 하라"
라) "외모로 사람을 취하라"

18. 골 4장에 나오는 인물이 아닌 것은 어느 것입니까?
가) 사랑을 받는 의사 누가
나) 바나바의 생질 마가
다) 주 안에서 함께 된 종 니모네
라) 신실하고 사랑을 받는 형제 오네시모

〈살전 1~3〉

19. 살전 1장에서 말한 내용과 관계가 없는 것은 어느 것입니까?
가) 믿음의 역사, 사랑의 수고, 소망의 인내
나) 시와 찬송과 신령한 노래
다) 주를 본받은 자
라) 믿음의 소문

20. 다음 괄호에 들어갈 말을 찾아 쓰시오.
"형제들아 우리의 수고와 애쓴 것을 너희가 기억하리니 너희 아무에게도 폐를 끼치지 아니하려고 밤낮으로 일하면서 너희에게 (　　　　)을 전하였노라"

21. 바울이 성도들에 대해 걱정한 것이고, 또한 나중에 이것 때문에 위

로를 받았는데 다음 중 어느 것입니까?

가) 물질

나) 믿음

다) 건강

라) 돈

제49주 (데살로니가전서 4~히브리서 4)

〈살전 4~살후 1〉

1. 바울이 살전 4~5장에서 '하나님의 뜻'이라고 말한 것들 가운데 포함되지 않는 것은 어느 것입니까?

가) 거룩할 것

나) 항상 기뻐할 것

다) 쉬지 말고 일할 것

라) 범사에 감사할 것

2. 종말론을 가르치는 바울에 의하면 성도들에게 그리스도는 어떻게 재림하게 됩니까?

가) 도적같이 임하지 않는다.

나) 도적같이 임한다.

다) 정확한 때와 시를 알려주시고 임한다.

라) 주님의 재림은 없을 것이다.

3. 어떤 사람들이 하나님으로부터 받는 형벌을 면할 수 있습니까?

가) 하나님을 모르는 자들

나) 예수의 복음을 복종치 않은 자들

다) 성도에게 환난을 주는 자들

라) 복음에 순종하는 형제들

〈살후 2~딤전 1〉

4. 바울은 데살로니가 성도를 어떻게 불렀습니까?
가) '성도들아'
나) '교인들아'
다) '형제들아'
라) '집사들아'

5. "(　　　)의 주께서 친히 때마다 일마다 너희에게 (　　　)을 주시고 주께서 너희 모든 사람과 함께 하시기를 원하노라"에 똑같이 들어가는 말은 무엇입니까?

6. 다음은 누구를 지칭하는지 각각 쓰시오.
– 믿음 안에서 참 아들(바울의 영적인 아들) 된 사람 :
– 예수를 믿기 전에 비방자, 박해자, 폭행자, 죄인 중 괴수였던 사람 :
– 착한 양심을 버리고 파선된 배처럼 믿음을 저버린 자들 :

〈딤전 2~6〉

7. 딤전 2~3장에 나오는 말씀이 아닌 것은 어느 것입니까?
가) "하나님은 한 분이시요 또 하나님과 사람 사이에 중보도 한 분이시니 곧 사람이신 그리스도 예수라"
나) "영원하신 왕 곧 썩지 아니하고 보이지 아니하고 홀로 하나이신 하나님께 존귀와 영광이 영원무궁하도록 있을지어다 아멘"
다) "사람이 자기 집을 다스릴 줄 알지 못하면 어찌 하나님의 교회를 돌아 보리요"
라) "집사의 직분을 잘한 자들은 아름다운 지위와 그리스도 예수 안에 있는 믿음에 큰 담력을 얻느니라"

8. 다음 괄호에 들어갈 말을 찾아 쓰시오.

– "육체의 연단은 약간의 유익이 있으나 (　　　)은 범사에 유익하니 금생과 내생에 약속이 있느니라"

– "이와 같이 (　　　)도 밝히 드러나고 그렇지 아니한 것도 숨길 수 없느니라"

9. 딤전 6장에 나타난 말씀이 아닌 것은 어느 것입니까?

가) "우리가 세상에 아무 것도 가지고 온 것이 없으매 또한 아무 것도 가지지 못하리니…"

나) "돈을 사랑함이 일만 악의 뿌리가 되나니…"

다) "참 과부로 외로운 자는 하나님께 소망을 두어 주야로 항상 간구와 기도를 하거니와…"

라) "정함이 없는 재물에 소망을 두지 말고 오직 우리에게 모든 것을 후히 주사 누리게 하시는 하나님께 두며…"

〈딤후 1~3〉

10. 바울은 디모데에게 복음과 함께 무엇을 받으라고 했습니까?

11. 딤후 2장에서 바울이 예를 든 사람들이 아닌 것은 어느 것입니까?

가) 그릇 장사

나) 군사로 다니는 자

다) 경기하는 자

라) 수고하는 농부

12. 딤후 3장에 있는 말씀이 아닌 것은 어느 것입니까?

가) "모든 성경은 하나님의 감동으로 된 것으로 교훈과 책망과 바르게 함과 의로 교육하기에 유익하니…"

나) "말세에 고통하는 때가 이르러 사람들이 자기를 사랑하며 돈을 사랑하…"

다) "복음으로 말미암아 내가 죄인과 같이 매이는 데까지 고난을 받았으나 하나님의 말씀은 매이지 아니하니라"

라) "무릇 그리스도 예수 안에서 경건하게 살고자 하는 자는 박해를 받으리라"

〈딤후 4~딛 2〉

13. 다음 괄호에 들어갈 말을 찾아 쓰시오.

"주께서 나를 모든 악한 일에서 건져 내시고 또 그의 (　　　)에 들어가도록 구원하시리니"

14. 바울이 디도를 보내어 부족한 일을 바로 잡고 장로들을 세우려고 한 곳은 어디입니까?

15. 딛 2장에서 교훈을 받는 대상에 포함되지 않는 사람들은 어느 것입니까?

가) 어린아이들

나) 늙은 남자들과 여자들

다) 젊은 여자들과 남자들

라) 종들

〈딛 3~히1〉

16. 딛 3장에서 바울은 누구로 말미암아 성령을 성도에게 풍성히 부어주신다고 말합니까?

17. 전에는 무익하였으나 이제는 바울과 빌레몬에게 유익하게 된 사람은 누구를 말합니까?

18. 히 1장에서 선지자들을 통해 하나님이 말씀하셨으나 마지막에는 누

구를 통해 말씀하셨다고 말합니까?

가) 천사들
나) 사도들
다) 제사장들
라) 아들(예수 그리스도)

········
〈히 2~4〉

19. 다음 괄호에 들어갈 말을 찾아 쓰시오.
"그가 시험을 받아 고난을 당하셨은즉 (　　　　　　)을 능히 도우시느니라"

20. 성도가 무엇 때문에 완고하게 될 수 있다고 말합니까?
가) 불순종
나) 죄의 유혹
다) 환난
라) 염려

21. 히 4장에 나온 말씀이 아닌 것은 어느 것입니까?
가) "오늘 너희가 그의 음성을 듣거든… 너희 마음을 완고하게 하지 말라"
나) "하나님의 말씀은 살아 있고 활력이 있어 좌우에 날선 어떤 검보다도 예리하여…"
다) "때를 따라 돕는 은혜를 얻기 위하여 은혜의 보좌 앞에 담대히 나아갈 것이니라"
라) "형제들아 우리가 믿는 도리의 사도시며 대제사장이신 예수를 깊이 생각하라"

제50주 (히브리서 5~요한일서 1)

〈히 5~7〉

1. 다음 보기들은 어떤 사람을 말합니까?

– 하나님의 부르심을 받은 자	– 아론
– 멜기세덱	– 그리스도

가) 선지자
나) 제사장
다) 대제사장
라) 왕

2. 아브라함이 만난 멜기세덱에 대한 내용으로 옳지 않은 것은 어느 것입니까?

가) 평강의 왕
나) 대제사장
다) 하나님의 아들과 닮은 제사장
라) 엘리야

3. 다음 괄호에 들어갈 말을 찾아 쓰시오.

"(　　　)는 영원히 계시므로 그 제사장 직분도 갈리지 아니하느니라 그러므로 자기를 힘입어 하나님께 나아가는 자들을 온전히 구원하실 수 있으니 이는 그가 항상 살아 계셔서 그들을 위하여 간구하심이니라"

〈히 8~10〉

4. 예수님에 대해 잘못 묘사된 것은 어느 것입니까?

가) 성소와 참 장막에서 섬기는 이
나) 옛 언약의 중보

다) 더 좋은 언약의 중보
라) 하늘에 계시는 대제사장

5. 다음 괄호에 들어갈 말을 찾아 쓰시오.
"이와 같이 그리스도도 많은 사람의 죄를 담당하시려고 단번에 드리신 바 되셨고 구원에 이르게 하기 위하여 죄와 상관 없이 자기를 바라는 자들에게 (   ) 나타나시니라"

6. 히 10장에 나타나는 구절이 아닌 것은 어느 것입니까?
가) "우리가 예수의 피를 힘입어 성소에 들어갈 담력을 얻었나니"
나) "모이기를 폐하는 어떤 사람들의 습관과 같이 하지 말고…"
다) "은혜의 성령을 욕되게 하는 자가 당연히 받을 형벌은 얼마나 더 무겁겠느냐…"
라) "한번 죽는 것은 사람에게 정해진 것이요 그 후에는 심판이 있으리니"
마) "우리는 뒤로 물러가 멸망할 자가 아니요 오직 영혼을 구원함에 이르는 믿음을 가진 자니라"

〈히 11~약 2〉

7. 히 11장은 무엇을 교훈합니까?
가) 믿음
나) 구약의 위인들
다) 이스라엘의 시작
라) 사랑

8. 히 12~13장에 나오는 예수님에 대한 표현으로 맞지 않는 것은 어느 것입니까?
가) 믿음의 주요 온전하게 하시는 이
나) 찬송의 제사를 드리는 자

다) 양들의 큰 목자이신 분
라) 어제나 오늘이나 영원토록 동일하신 분

9. 약 1~2장에 나타나는 말씀이 아닌 것은 어느 것입니까?
가) "시험을 참는 자는 복이 있나니…"
나) "욕심이 잉태한즉 죄를 낳고 죄가 장성한즉 사망을 낳느니라"
다) "네가 하나님은 한 분이신 줄을 믿느냐 잘하는도다 귀신들도 믿고 떠느니라"
라) "영혼 없는 몸이 죽은 것 같이 행함이 없는 믿음은 죽은 것이니라"
마) "너희를 인도하는 자들에게 순종하고 복종하라 그들은 너희 영혼을 위하여 경성하기를 자신들이 청산할 자인 것 같이 하느니라"

〈약 3~5〉

10. 약 3장은 혀에 대한 교훈과 위로부터 온 하늘의 지혜에 대한 교훈인데, 혀에 대한 내용으로 옳은 것은 어느 것입니까?
가) 말에 실수가 없도록 조심하라는 내용
나) 음식을 너무 탐닉하지 말라는 내용
다) 혀를 많이 움직이라는 내용
라) 행실을 바르게 하라는 내용

11. 다음 괄호에 들어갈 말을 찾아 쓰시오.
"사람이 선을 행할 줄 알고도 행하지 아니하면 (　　　)니라"

12. 약 5장에 나타나지 않는 것은 어느 것입니까?
가) 욥의 인내
나) 의인의 간구
다) 엘리사
라) 이른 비와 늦은 비

〈벧전 1~3〉

13. 벧전 1장에 나타나지 않는 것은 어느 것입니까?
가) '믿음의 결국은 곧 영혼의 구원'
나) '택하신 족속이요 왕 같은 제사장들이요 거룩한 나라요 그의 소유가 된 백성'
다) '하늘로부터 보내신 성령을 힘입어 복음을 전하는 자들'
라) '살아 있고 항상 있는 하나님의 말씀'

14. 다음 괄호에 들어갈 말을 찾아 쓰시오.
"친히 나무에 달려 그 몸으로 우리 (　　)를 담당하셨으니 이는 우리로 (　　)에 대하여 죽고 의에 대하여 살게 하려 하심이라"

15. 벧전 3장에서 베드로가 '하나님의 뜻'이라면서 한 말은 무엇입니까?

〈벧전 4~벧후 1〉

16. 무엇이 허다한 죄를 덮는다고 말합니까?

17. 다음 중 나머지 셋과 다른 하나는 어느 것입니까?
가) 하나님의 양무리
나) 그리스도
다) 목자장
라) 주

18. 벧후 1장의 내용이 아닌 것은 어느 것입니까?
가) 예언은 성령의 감동하심을 받은 사람들이 하나님께 받아 말한 것이다.
나) 신성한 성품에 참여하는 자

다) 구주 예수 그리스도의 영원한 나라
라) 시들지 아니하는 영광의 관

· · · · · · · · · · · ·

〈벧후 2~요일 1〉

19. 다음 중 나머지 셋과 다른 하나는 어느 것입니까?
가) 멸망하게 할 이단
나) 범죄한 천사들
다) 경건한 자
라) 무법한 자

20. 벧후 3장에 나오는 말이 아닌 것은 어느 것입니까?
가) 예수 그리스도의 은혜와 그를 아는 지식
나) 새 하늘과 새 땅
다) 발람의 길
라) 심판과 멸망의 날

21. "(　　　　　)가 우리를 모든 죄에서 깨끗하게 하실 것이요"에서 괄호에 들어갈 말은 무엇입니까?
가) 예수의 피
나) 태초부터 있는 생명의 말씀
다) 아버지와 함께 계시다가 우리에게 나타내신 바 된 자
라) 진리

제51주 (요한일서 2~요한계시록 15)

〈요일 2~4〉

1. 요일 2장에 나오는 다음 표현들 중 그리스도에 대한 표현이 아닌 것은 어느 것입니까?

가) 우리 죄를 위한 화목제물
나) 하나님의 뜻을 행하는 자
다) 거룩하신 자
라) 태초부터 계신 이

2. 다음 중 서로 짝이 맞지 않는 것은 어느 것입니까?

가) 하나님의 자녀들 : 계명을 지키는 자
나) 하나님의 씨 : 하나님의 말씀(벧전 1:23 참고)
다) 마귀의 자녀들 : 죄를 짓는 자
라) 가인 : 선에 속한 자

3. 요일 4장에서 자주 등장하는 단어들 가운데 속하지 않는 것은 어느 것입니까?

가) 사랑
나) 우리
다) 영
라) 하나님
마) 분별

〈요일 5~유 1〉

4. 적그리스도에 대한 다음 내용들 중에서 요한이서에 없는 것은 어느 것입니까?

가) 미혹하는 자
나) 예수 그리스도께서 육체로 오심을 부인하는 자
다) 예수를 시인하지 아니하는 영
라) 그리스도의 교훈 안에 거하지 아니하는 자

5. 요한삼서에 나오는 사람들 중 선하지 못하고 바람직하지 못한 사람은 누구입니까?
가) 가이오
나) 디오드레베
다) 데메드리오
라) 요한

6. 다음 괄호에 들어갈 말을 찾아 쓰시오.
"사랑하는 자들아 너희는 너희의 지극히 거룩한 (　　　) 위에 자신을 세우며 (　　　)으로 기도하며…"

• • • • • • •

〈계 1~3〉

7. 계 1장에 나오는 다음 내용들 중 하나님과 예수님에 대한 표현이 아닌 것은 어느 것입니까?
가) 죽은 자들 가운데에서 먼저 나시고 땅의 임금들의 머리가 되신 분
나) 일곱 촛대
다) 알파와 오메가
라) 인자 같은 이

8. 계 2장에 나오는 교회들과 주의 말씀이 서로 맞지 않는 것은 어느 것입니까?
가) "내가 너희 각 사람의 행위대로 갚아 주리라" : 에베소 교회
나) "나를 믿는 믿음을 저버리지 아니하였도다" : 버가모 교회
다) "너를 책망할 것이 있나니 너의 처음 사랑을 버렸느니라" : 에베소

교회

라) “네가 죽도록 충성하라 그리하면 내가 생명의 면류관을 네게 주리라” : 서머나 교회

마) “이기는 자는 둘째 사망의 해를 받지 아니하리라” : 서머나 교회

9. 계 3장에서 책망을 받지 않은 교회는 어느 교회입니까?

가) 사데 교회

나) 빌라델비아 교회

다) 라오디게아 교회

라) 모두 책망을 받음

〈계 4~6〉

10. 요한이 성령에 감동되어 본 하늘 보좌 가운데와 그 주위에 있는 네 생물들에 포함되지 않은 것은 어느 것입니까?

가) 사람

나) 사자

다) 독수리

라) 말

마) 송아지

11. 어린 양 앞에 선 네 생물들과 24장로들이 가진 금 대접 속에 가득한 향은 무엇입니까?

12. 계 6장에서 어린 양이 인을 뗄 때 계속해서 나온 4마리의 짐승은 무엇입니까?

〈계 7~9〉

13. 구원받은 성도들의 목자가 되어 생명수 샘으로 인도하시는 분은 누

구입니까?

가) 보좌 가운데에 계신 어린 양

나) 천사와 장로들

다) 땅과 바다를 해롭게 할 권세를 받은 네 천사

라) 유다 지파 중에 인침을 받은 자

14. 계 8장에 나오는 내용이 아닌 것은?

가) 성도의 기도

나) 금 향로

다) 어린 양의 피

라) 나팔

15. 여섯째 천사가 나팔을 불 때 나오는 세 가지 재앙이 아닌 것은 어느 것입니까?

가) 불

나) 연기

다) 유황

라) 황충

〈계 10~12〉

16. 계 10장에 나오는 내용이 아닌 것은 어느 것입니까?

가) 작은 두루마리

나) 철 호심경

다) 하나님의 비밀

라) 복음

17. 다음 괄호에 들어갈 말을 찾아 쓰시오.

"하늘에 있는 (　　　　　　)이 열리니 성전 안에 (　　　　　　)가 보이며…"

18. 사탄을 일컫는 아래 말들 중에서 12장에 없는 것은 어느 것입니까?
가) 큰 용
나) 옛 뱀
다) 무저갱의 사자
라) 형제들을 참소하던 자
마) 온 천하를 꾀는 자
바) 마귀

········
〈계 13~15〉

19. 다음 괄호에 들어갈 말을 찾아 쓰시오.
"죽임을 당한 어린 양의 (　　　　)에 창세 이후로 이름이 기록되지 못하고 이 땅에 사는 자들은 다 그 짐승에게 경배하리라"

20. 계 14장에 나오는 성도들에 대한 표현이 아닌 것은 어느 것입니까?
가) 하나님의 계명과 예수에 대한 믿음을 지키는 자
나) 주 안에서 죽는 자들
다) 땅의 포도송이
라) 곡식

21. 일곱 재앙을 가진 일곱 천사가 하는 일이 아닌 것은 어느 것입니까?
가) 하나님의 진노를 가득히 담은 금 대접 일곱을 성전에서 나온 후에 받음
나) 모세의 노래와 어린 양의 노래를 부름
다) 하나님의 마지막 재앙을 일으킴
라) 세마포 옷을 입고 가슴에 금띠를 함

제52주 (요한계시록 16~22)

〈계 16~18〉

1. 마지막 재앙을 당하지 않는 자들은 어떤 사람들입니까?
가) 성도들과 선지자들의 피를 흘린 자들
나) 큰 성 바벨론
다) 우상에게 경배하는 자들
라) 일곱 천사

2. 나머지 셋과 전혀 다른 하나는 어느 것입니까?
가) 음녀
나) 성령
다) 어린 양
라) 만왕의 왕

3. 서로 같은 부류끼리 모인 것들이 아닌 것은 어느 것입니까?
가) 땅의 왕들/땅의 상인들/바다에서 배 부리는 모든 자들
나) 성도들/사도들/선지자들
다) 하늘에서 내려오는 다른 천사/한 힘 센 천사/큰 성 바벨론
라) 귀신의 처소/각종 더러운 영이 모이는 곳/각종 더럽고 가증한 새들이 모이는 곳

〈계 19~20〉

4. 다음 중 서로 짝이 맞지 않은 것은 어느 것입니까?
가) 빛나고 깨끗한 세마포 : 성도들의 옳은 행실
나) 어린 양 : 어린 성도
다) 이십사 장로와 네 생물 : 하나님께 경배

라) 백마를 탄 자 : 만왕의 왕

5. 다음 괄호에 들어갈 말을 찾아 쓰시오.
"그가 피 뿌린 옷을 입었는데 그 이름은 (   )이라 칭하더라"

6. 다음 괄호에 들어갈 말을 찾아 쓰시오.
"누구든지 (   )에 기록되지 못한 자는 불못에 던져지더라"

〈계 21~22〉

7. '새 하늘과 새 땅'에 대한 말이 아닌 것은 어느 것입니까?
가) 하늘에서 내려오는 거룩한 성 예루살렘
나) 처음 하늘과 처음 땅
다) 어린 양의 생명책에 기록된 자들만 오는 곳
라) 천국

8. 믿지 아니하는 자들, 흉악한 자들, 우상 숭배자들 등이 들어가는 곳은 어떤 곳입니까?
가) 새 예루살렘
나) 밤이 없는 곳
다) 둘째 사망이 있는 곳
라) 하나님의 영광이 있는 곳

9. 계 22장에 나오는 말씀이 아닌 것은 어느 것입니까?
가) "주 예수의 은혜가 모든 자들에게 있을지어다 아멘"
나) "보라 내가 속히 오리니 이 두루마리의 예언의 말씀을 지키는 자가 복이 있으리라"
다) "아멘 주 예수여 오시옵소서"
라) "모든 눈물을 그 눈에서 닦아 주시니 다시는 사망이 없고 애통하는 것이나 곡하는 것이나 아픈 것이 다시 있지 아니하리니 처음 것들이

다 지나갔음이러라"

종합문제 20

1. "너희가 성경에서 영생을 얻는 줄 생각하고 성경을 연구하거니와 이 성경이 곧 내게 대하여 증언하는 것이니라"는 누가 한 말씀이며 성경 어디에 있는 말씀인지 찾아 쓰시오.

2. 다음 '성경'에 대한 구절 중 짝이 올바르지 않은 것은 어느 것입니까?

가) "성경은 폐하지 못하나니 하나님의 말씀을 받은 사람들을 신이라 하셨거든" : 요한복음 10:35

나) "성경에 이르되 누구든지 그를 믿는 자는 부끄러움을 당하지 아니하리라 하니" : 로마서 10:11

다) "성경에 그를 가리켜 기록한 말씀을 다 응하게 한 것이라 후에 나무에서 내려다가 무덤에 두었으나" : 사도행전 13:29

라) "성경이 무엇을 말하느냐 아브라함이 하나님을 믿으매 그것이 그에게 의로 여겨진 바 되었느니라" : 디모데후서 3:16

3. 다음 보기들이 모두 포함된 본문은 어느 것입니까?

– 복음, 성경, 그리스도, 부활, 믿음, 죄, 구원, 은혜, 교회, 사도, 제자, 증인

가) 로마서 6:1~23

나) 요한복음 3:1~21

다) 사도행전 20:17~38

라) 고린도전서 15:1~19

4. "이스라엘의 소망이신 여호와여 무릇 주를 버리는 자는 다 수치를 당할 것이라 무릇 여호와를 떠나는 자는 흙에 기록이 되오리니 이는 생수의 근원이신 여호와를 버림이니이다"(렘 17:13)의 말씀이 교훈하는 내용으로 옳지 않은 것은 어느 것입니까?

가) 성경의 교훈대로 살지 않는 자는 생명책 대신에 흙에 기록되어 지옥의 형벌을 당한다.

나) 사람은 하나님을 믿는 삶보다는 자신을 위해 최선을 다하는 삶을 살아야 한다.

다) 주 여호와를 버리는 자는 수치를 당하게 될 것이다.

라) 하나님을 믿는 자는 수치 대신 영광을 누리고 흙에 기록되는 대신 생명책에 기록될 것이다.

5. 성경은 어떻게 기록되었습니까?

가) 인간의 위대한 지적 능력과 자발적인 의지를 통해서 기록되었다.

나) 유대인들이 세계를 지배하기 위한 목적으로 기록했다.

다) 하나님의 영에 의해 감동된 사람들이 기록하게 되었다.

라) 이스라엘의 율법학자들이 모여서 유대교 경전을 만들기 위해 기록한 것이다.

6. 성경은 총 66권으로 이루어져 있는데, 11권, 22권, 33권, 44권, 55권, 66권째에 해당되는 성경을 각각 쓰시오.

7. 데살로니가의 회당에서 성경을 가지고 강론하고 뜻을 풀어 설명했으며 예수 그리스도를 전한 사람은 누구입니까?

8. 다음 구절들 중 그 의미가 나머지와 전혀 다른 하나는 어느 것입니까?

가) "내가 율법이나 선지자를 폐하러 온 줄로 생각하지 말라 폐하러 온 것이 아니요 완전하게 하려 함이라"

나) "먼저 알 것은 성경의 모든 예언은 사사로이 풀 것이 아니니"

다) "진실로 너희에게 이르노니 천지가 없어지기 전에는 율법의 일점 일획도 결코 없어지지 아니하고 다 이루리라"
라) "성경은 폐하지 못하나니 하나님의 말씀을 받은 사람들을 신이라 하셨거든"

9. 성경의 기능 또는 역할에 대한 구절이 아닌 것은 어느 것입니까?
가) "그러나 성경이 모든 것을 죄 아래에 가두었으니 이는 예수 그리스도를 믿음으로 말미암는 약속을 믿는 자들에게 주려 함이라" (갈 3:22)
나) "너희가 성경에서 영생을 얻는 줄 생각하고 성경을 연구하거니와 이 성경이 곧 내게 대하여 증언하는 것이니라" (요 5:39)
다) "모든 성경은 하나님의 감동으로 된 것으로 교훈과 책망과 바르게 함과 의로 교육하기에 유익하니" (딤후 3:16)
라) "알렉산드리아에서 난 아볼로라 하는 유대인이 에베소에 이르니 이 사람은 언변이 좋고 성경에 능통한 자라" (행 18:24)

10. 성경에 대한 다른 이름으로 거리가 먼 것은 어느 것입니까?
가) 언약
나) 율법
다) 윤리
라) 복음
마) 진리

11. 시편 78편 1~22절을 읽고 다음 중에서 나머지와 다른 하나를 고르시오.
가) 하나님께 범죄하여 지존자를 배반한 자들
나) 하나님을 믿지 아니하며 구원을 의지하지 아니하는 자들
다) 하나님의 언약을 지키지 않고 율법을 준행하지 않는 자들
라) 소망을 하나님께 두며 하나님의 일을 잊지 아니하고 그의 계명을 지키는 자들
마) 탐욕대로 음식을 구하고 하나님을 시험하는 자들

12. 다음 괄호에 들어갈 말을 찾아 쓰시오.

"이 세상이나 세상에 있는 것들을 사랑하지 말라 누구든지 세상을 사랑하면 아버지의 사랑이 그 안에 있지 아니하니 이는 세상에 있는 모든 것이 육신의 정욕과 안목의 정욕과 이생의 자랑이니 다 아버지께로부터 온 것이 아니요 세상으로부터 온 것이라 이 세상도, 그 정욕도 지나가되 오직 (   )을 행하는 자는 영원히 거하느니라"

13. 다음 괄호들 속에 공통으로 들어갈 말은 무엇입니까?

- "뱀들아 독사의 새끼들아 너희가 어떻게 (   )의 판결을 피하겠느냐"
- "하나님이 범죄한 천사들을 용서하지 아니하시고 (   )에 던져 어두운 구덩이에 두어 심판 때까지 지키게 하셨으며"
- "마땅히 두려워할 자를 내가 너희에게 보이리니 곧 죽인 후에 또한 (   )에 던져 넣는 권세 있는 그를 두려워하라 내가 참으로 너희에게 이르노니 그를 두려워하라"
- "만일 네 손이 너를 범죄하게 하거든 찍어버리라 장애인으로 영생에 들어가는 것이 두 손을 가지고 (   ) 곧 꺼지지 않는 불에 들어가는 것보다 나으니라"
- "화 있을진저 외식하는 서기관들과 바리새인들이여 너희는 교인 한 사람을 얻기 위하여 바다와 육지를 두루 다니다가 생기면 너희보다 배나 더 (   ) 자식이 되게 하는도다"

14. '임마누엘'이 포함된 구절들로만 이루어진 것은 어느 것입니까?

가) 학 1:13; 삿 6:12; 고전 6:10

나) 창 39:3; 삼상 18:14; 눅 19:10

다) 시 46:7; 신 31:23; 요 3:36

라) 사 8:8; 마 1:23; 사 7:14

15. 복음에 대한 표현으로 옳지 않은 것은 어느 것입니까?

가) 복음은 하나님의 능력이다(롬 1:16).

나) 복음은 하나님의 아들에 관한 약속이다(롬 1:2).
다) 복음은 사람의 뜻을 따라 된 것이다(갈 1:11).
라) 복음은 전파되어야 한다(고전 9:16).

16. 다음 중 옳은 것은 어느 것입니까?
가) 남자만 하나님의 형상대로 지음 받았다.
나) 여자는 남자의 형상대로 지음 받았다.
다) 아담과 하와만 하나님의 형상대로 지음 받았다.
라) 남자와 여자 모두 하나님의 형상대로 지음 받았다.

17. 창세기 1장을 통해서 알 수 있는 하나님으로 거리가 먼 것은 어느 것입니까?
가) 진화의 원동력인 하나님
나) 세상 만물의 소유주 하나님
다) 창조주 하나님
라) 만물을 다스리시는 하나님

18. 다음 중 서로 잘못 짝지어진 것은 어느 것입니까?
가) 구약 : 신약
나) 할례 : 세례
다) 유월절 : 성찬식
라) 모세 : 아브라함
마) 율법 : 복음
바) 이스라엘 : 교회

19. 성경을 읽거나 연구해야 함을 제시하는 구절이 아닌 것은 어느 것입니까?
가) 요한복음 5:39
나) 디모데후서 3:16
다) 누가복음 24:27

라) 누가복음 4:16
마) 이사야 25:8
바) 신명기 6:6
사) 사도행전 17:11
아) 시편 119:130

20. 성경에 대한 설명으로 옳지 않은 것은 어느 것입니까?
가) 성경은 하나님의 영으로 감동을 받은 사람들이 기록한 하나님의 말씀이다.
나) 성경을 부지런히 읽고 연구하는 것보다 기도를 통해 직접 계시를 받는 것이 신앙에 유익하다.
다) 성령의 깨닫게 하심 없이는 성경을 읽어도 깨달을 수 없다.
라) 성경은 예수 그리스도를 증언하는 책이다.
마) 성경은 하나님의 뜻을 계시하고 삶의 규범을 제시한다.
바) 성경의 중심 교훈을 알기 위해서는 교리 공부를 충실히 해야 한다.

1. 성경에 대한 사실들(Bible Facts)

- 성경은 약 1,500~1,600년이라는 기간에 걸쳐 기록되었습니다.
- 성경이 기록된 시기는 BC 1450년에서 AD 100년 사이입니다.
- 성경은 하나님의 영으로 감동된 약 40명에 가까운 사람들에 의해 기록되었습니다.
- 성경은 구약성경과 신약성경으로 나뉘어져 있습니다.
- 성경은 모두 66권으로, 구약 39권과 신약 27권으로 구성되어 있습니다.
- 성경에서 가장 긴 장은 시편 119편으로 총 176절입니다.
- 성경에서 가장 짧은 장은 시편 117편으로 총 2절입니다.
- 성경은 인류 역사에서 가장 많이 팔리고 선물로 주고받는 책입니다.
- 성경은 현재까지 2,018개 이상의 언어로 완역 또는 부분 번역되었습니다.
- 성경은 다양한 배경 출신의 수십 명의 기록자들이 '하나님의 언약'(구원과 심판)이라는 맥락을 공통적으로 따른 책입니다.
- 성경은 '책'(papyrus: bible의 어원)이라는 말에서 비롯되었습니다.
- 성경은 히브리어(Hebrew), 아람어(Aramaic), 그리고 헬라어(Koine Greek)로 기록되었습니다.
- 성경이 영어로 번역된 것은 1382년 존 위클리프(John Wycliffe)에 의해서입니다.
- 성경이 우리말로 부분 번역된 것은 1882년이며, 신약성경이 완역된 것은 『예수셩교젼셔』(1887년)입니다.
- 성경이 우리말로 신약과 구약 모두 번역된 것은 『셩경젼셔』(1911년)입니다.
- 현재 대부분의 한국교회가 사용하는 성경은 1998년에 개정된 『성경전서 개역개정판』입니다.
- 성경이 필사본이 아닌 인쇄본으로 출간된 것은 1454년 독일의 구텐베르크(Johannes Gutenberg)에 의해서입니다.
- 성경은 총 1,189장(구약 929, 신약 269)으로 구성되어 있으며, 캔터베리 대주교를 지낸 영국의 스티븐 랭턴(Stephen Langton)이 1228년에 나누었습니다.
- 성경의 절(verse)은 1448년 유대교 랍비 나단(Nathan)에 의해 구약의 절들이 구분되었고, 1551년 제네바에서 로버트 스테파누스(Robert Stephanus)를 비롯한 종교개혁자들에 의해 신약성경이 출판될 때 신약의 절들이 나누어지게 되었습니다.
- 오늘날의 장절과 같이 구분되어 출간된 최초의 성경역본은 『제네바 성경』(1560년)입니다.
- 헬라어로 된 성경필사본들 중 신약은 현재 5,300개 정도가 있습니다.
- 현존하는 신약성경 사본은 약 24,000점 이상입니다.

2. 성경에 대한 명언들 [1)]

"성경을 읽는 것 자체가 곧 교육이다."

– 알프레드 로드 테니슨(Alfred Lord Tennyson)

"성경이야말로 하나님이 인간에게 주신 최고의 선물이다."

– 에이브러햄 링컨(Abraham Lincoln)

"하나님과 성경 없이 이 세상을 올바르게 다스리는 것은 불가능하다."

– 조지 워싱턴(George Washington)

"사람들을 위한 책으로서 존재하는 성경은 인류가 지금까지 누린 가장 큰 혜택이다."

– 임마누엘 칸트(Immanuel Kant)

"성경은 단순한 책이 아니라 성경을 거스르는 모든 것을 정복하는 힘을 가진 살아 있는 존재다."

– 나폴레옹(Napoleon)

"이 세상에서 출판된 모든 책을 다 합쳐도 성경의 가치를 능가하지 못한다.

– 패트릭 헨리(Patrick Henry)

"어릴 때일수록 나의 자녀들이 성경을 읽는다면 이 나라에서 쓸모 있는 시민이요 존경받는 사회의 일원이 될 것이라는 나의 기대는 더 확실하기에 나는 성경을 경외한다."

– 존 퀸시 애덤스(John Quincy Adams)

"우리가 성경에서 배운 원칙들을 준수한다면 우리나라는 계속해서 번영할 것이다."

– 다니엘 웹스터(Daniel Webster)

"우리 미국을 지탱하는 반석은 곧 성경이다."

– 앤드루 잭슨(Andrew Jackson)

1) 헨리 헤일리(Henry H. Haley), *Haley's Bible Handbook*(Michigan: Zondervan, 1965), pp.18–19.

"성경은 인간 이성의 산물인 알파벳 글자들이 담고 있는 가장 숭고한 진리에 대한 표현이다."

– 토머스 칼라일(Thomas Carlyle)

"내가 어찌할 바를 모르고 고통 가운데 있을 때 성경은 나에게 변함없는 빛이요 힘이었다."

– 로버트 리(Robert E. Lee)

3. 인터넷에서 가장 많이 검색된 100개 성경구절[2)]

1. 하나님이 세상을 이처럼 사랑하사 독생자를 주셨으니 이는 그를 믿는 자마다 멸망하지 않고 영생을 얻게 하려 하심이라

(요한복음 3:16)

2. 여호와의 말씀이니라 너희를 향한 나의 생각을 내가 아나니 평안이요 재앙이 아니니라 너희에게 미래와 희망을 주는 것이니라

(예레미야 29:11)

3. 우리가 알거니와 하나님을 사랑하는 자 곧 그의 뜻대로 부르심을 입은 자들에게는 모든 것이 합력하여 선을 이루느니라

(로마서 8:28)

4. 내게 능력 주시는 자 안에서 내가 모든 것을 할 수 있느니라

(빌립보서 4:13)

5. 태초에 하나님이 천지를 창조하시니라

(창세기 1:1)

6. 너는 마음을 다하여 여호와를 신뢰하고 네 명철을 의지하지 말라

(잠언 3:5)

2) 바이블게이트웨이(BibleGateway)닷컴에서 2009년 3월과 4월에 검색된 구절들(NIV 기준)을 종합하여 순위를 매긴 것이며, 자세한 내용은 다음을 참고하라. http://www.biblegateway.com/blog/2009/05/the-100-most-read-bible-verses-at-biblegatewaycom/

7. 너는 범사에 그를 인정하라 그리하면 네 길을 지도하시리라

(잠언 3:6)

8. 너희는 이 세대를 본받지 말고 오직 마음을 새롭게 함으로 변화를 받아 하나님의 선하시고 기뻐하시고 온전하신 뜻이 무엇인지 분별하도록 하라

(로마서 12:2)

9. 아무 것도 염려하지 말고 다만 모든 일에 기도와 간구로, 너희 구할 것을 감사함으로 하나님께 아뢰라

(빌립보서 4:6)

10. 그러므로 너희는 가서 모든 민족을 제자로 삼아 아버지와 아들과 성령의 이름으로 세례를 베풀고

(마태복음 28:19)

11. 너희는 그 은혜에 의하여 믿음으로 말미암아 구원을 받았으니 이것은 너희에게서 난 것이 아니요 하나님의 선물이라

(에베소서 2:8)

12. 오직 성령의 열매는 사랑과 희락과 화평과 오래 참음과 자비와 양선과 충성과

(갈라디아서 5:22)

13. 그러므로 형제들아 내가 하나님의 모든 자비하심으로 너희를 권하노니 너희 몸을 하나님이 기뻐하시는 거룩한 산 제물로 드리라 이는 너희가 드릴 영적 예배니라

(로마서 12:1)

14. 도둑이 오는 것은 도둑질하고 죽이고 멸망시키려는 것뿐이요 내가 온 것은 양으로 생명을 얻게 하고 더 풍성히 얻게 하려는 것이라

(요한복음 10:10)

15. 내가 너와 함께 있으매 어떤 사람도 너를 대적하여 해롭게 할 자가 없을 것이니 이는 이 성중에 내 백성이 많음이라 하시더라

(사도행전 18:10)

16. 밤에 주께서 환상 가운데 바울에게 말씀하시되 두려워하지 말며 침묵하지 말고 말하라

(사도행전 18:9)

17. 일 년 육 개월을 머물며 그들 가운데서 하나님의 말씀을 가르치니라

(사도행전 18:11)

18. 내가 그리스도와 함께 십자가에 못 박혔나니 그런즉 이제는 내가 사는 것이 아니요 오직 내 안에 그리스도께서 사시는 것이라 이제 내가 육체 가운데 사는 것은 나를 사랑하사 나를 위하여 자기 자신을 버리신 하나님의 아들을 믿는 믿음 안에서 사는 것이라

(갈라디아서 2:20)

19. 만일 우리가 우리 죄를 자백하면 그는 미쁘시고 의로우사 우리 죄를 사하시며 우리를 모든 불의에서 깨끗하게 하실 것이요

(요한일서 1:9)

20. 모든 사람이 죄를 범하였으매 하나님의 영광에 이르지 못하더니

(로마서 3:23)

21. 예수께서 이르시되 내가 곧 길이요 진리요 생명이니 나로 말미암지 않고는 아버지께로 올 자가 없느니라

(요한복음 14:6)

22. 내가 너희에게 분부한 모든 것을 가르쳐 지키게 하라 볼지어다 내가 세상 끝날까지 너희와 항상 함께 있으리라 하시니라

(마태복음 28:20)

23. 우리가 아직 죄인 되었을 때에 그리스도께서 우리를 위하여 죽으심으로 하나님께서 우리에 대한 자기의 사랑을 확증하셨느니라

(로마서 5:8)

24. 끝으로 형제들아 무엇에든지 참되며 무엇에든지 경건하며 무엇에든지 옳으며 무엇에든지 정결하며 무엇에든지 사랑 받을 만하며 무엇에든지 칭찬 받

을 만하며 무슨 덕이 있든지 무슨 기림이 있든지 이것들을 생각하라

(빌립보서 4:8)

25. 그리하면 모든 지각에 뛰어난 하나님의 평강이 그리스도 예수 안에서 너희 마음과 생각을 지키시리라

(빌립보서 4:7)

26. 내가 네게 명령한 것이 아니냐 강하고 담대하라 두려워하지 말며 놀라지 말라 네가 어디로 가든지 네 하나님 여호와가 너와 함께 하느니라 하시니라

(여호수아 1:9)

27. 오직 여호와를 앙망하는 자는 새 힘을 얻으리니 독수리가 날개치며 올라감 같을 것이요 달음박질하여도 곤비하지 아니하겠고 걸어가도 피곤하지 아니하리로다

(이사야 40:31)

28. 행위에서 난 것이 아니니 이는 누구든지 자랑하지 못하게 함이라

(에베소서 2:9)

29. 죄의 삯은 사망이요 하나님의 은사는 그리스도 예수 우리 주 안에 있는 영생이니라

(로마서 6:23)

30. 온유와 절제니 이같은 것을 금지할 법이 없느니라

(갈라디아서 5:23)

31. 그가 찔림은 우리의 허물 때문이요 그가 상함은 우리의 죄악 때문이라 그가 징계를 받으므로 우리는 평화를 누리고 그가 채찍에 맞으므로 우리는 나음을 받았도다

(이사야 53:5)

32. 너희 마음에 그리스도를 주로 삼아 거룩하게 하고 너희 속에 있는 소망에 관한 이유를 묻는 자에게는 대답할 것을 항상 준비하되 온유와 두려움으로 하고

(베드로전서 3:15)

33. 모든 성경은 하나님의 감동으로 된 것으로 교훈과 책망과 바르게 함과 의로 교육하기에 유익하니

(디모데후서 3:16)

34. 그런즉 너희는 먼저 그의 나라와 그의 의를 구하라 그리하면 이 모든 것을 너희에게 더하시리라

(마태복음 6:33)

35. 믿음의 주요 또 온전하게 하시는 이인 예수를 바라보자 그는 그 앞에 있는 기쁨을 위하여 십자가를 참으사 부끄러움을 개의치 아니하시더니 하나님 보좌 우편에 앉으셨느니라

(히브리서 12:2)

36. 너희 염려를 다 주께 맡기라 이는 그가 너희를 돌보심이라

(베드로전서 5:7)

37. 우리는 그가 만드신 바라 그리스도 예수 안에서 선한 일을 위하여 지으심을 받은 자니 이 일은 하나님이 전에 예비하사 우리로 그 가운데서 행하게 하려 하심이니라

(에베소서 2:10)

38. 사람이 감당할 시험 밖에는 너희가 당한 것이 없나니 오직 하나님은 미쁘사 너희가 감당하지 못할 시험 당함을 허락하지 아니하시고 시험 당할 즈음에 또한 피할 길을 내사 너희로 능히 감당하게 하시느니라

(고린도전서 10:13)

39. 수고하고 무거운 짐 진 자들아 다 내게로 오라 내가 너희를 쉬게 하리라

(마태복음 11:28)

40. 믿음은 바라는 것들의 실상이요 보이지 않는 것들의 증거니

(히브리서 11:1)

41. 우리가 다시 너희에게 자천하는 것이 아니요 오직 우리로 말미암아 자랑할 기회를 너희에게 주어 마음으로 하지 않고 외모로 자랑하는 자들에게 대답

하게 하려 하는 것이라

(고린도후서 5:12)

42. 돈을 사랑하지 말고 있는 바를 족한 줄로 알라 그가 친히 말씀하시기를 내가 결코 너희를 버리지 아니하고 너희를 떠나지 아니하리라 하셨느니라

(히브리서 13:5)

43. 나에게 이르시기를 내 은혜가 네게 족하도다 이는 내 능력이 약한 데서 온전하여짐이라 하신지라 그러므로 도리어 크게 기뻐함으로 나의 여러 약한 것들에 대하여 자랑하리니 이는 그리스도의 능력이 내게 머물게 하려 함이라

(고린도후서 12:9)

44. 네가 만일 네 입으로 예수를 주로 시인하며 또 하나님께서 그를 죽은 자 가운데서 살리신 것을 네 마음에 믿으면 구원을 받으리라

(로마서 10:9)

45. 두려워하지 말라 내가 너와 함께 함이라 놀라지 말라 나는 네 하나님이 됨이라 내가 너를 굳세게 하리라 참으로 너를 도와 주리라 참으로 나의 의로운 오른손으로 너를 붙들리라

(이사야 41:10)

46. 하나님이 이르시되 우리의 형상을 따라 우리의 모양대로 우리가 사람을 만들고 그들로 바다의 물고기와 하늘의 새와 가축과 온 땅과 땅에 기는 모든 것을 다스리게 하자 하시고

(창세기 1:26)

47. 나는 마음이 온유하고 겸손하니 나의 멍에를 메고 내게 배우라 그리하면 너희 마음이 쉼을 얻으리니

(마태복음 11:29)

48. 이것을 너희에게 이르는 것은 너희로 내 안에서 평안을 누리게 하려 함이라 세상에서는 너희가 환난을 당하나 담대하라 내가 세상을 이기었노라

(요한복음 16:33)

49. 오직 성령이 너희에게 임하시면 너희가 권능을 받고 예루살렘과 온 유대와

사마리아와 땅 끝까지 이르러 내 증인이 되리라 하시니라

(사도행전 1:8)

50. 하나님이 우리에게 주신 것은 두려워하는 마음이 아니요 오직 능력과 사랑과 절제하는 마음이니

(디모데후서 1:7)

51. 그는 실로 우리의 질고를 지고 우리의 슬픔을 당하였거늘 우리는 생각하기를 그는 징벌을 받아 하나님께 맞으며 고난을 당한다 하였노라

(이사야 53:4)

52. 하나님이 죄를 알지도 못하신 이를 우리를 대신하여 죄로 삼으신 것은 우리로 하여금 그 안에서 하나님의 의가 되게 하려 하심이라

(고린도후서 5:21)

53. 소망의 하나님이 모든 기쁨과 평강을 믿음 안에서 너희에게 충만하게 하사 성령의 능력으로 소망이 넘치게 하시기를 원하노라

(로마서 15:13)

54. 예수께서 이르시되 나는 부활이요 생명이니 나를 믿는 자는 죽어도 살겠고

(요한복음 11:25)

55. 믿음이 없이는 하나님을 기쁘시게 하지 못하나니 하나님께 나아가는 자는 반드시 그가 계신 것과 또한 그가 자기를 찾는 자들에게 상 주시는 이심을 믿어야 할지니라

(히브리서 11:6)

56. 내가 진실로 진실로 너희에게 이르노니 내 말을 듣고 또 나 보내신 이를 믿는 자는 영생을 얻었고 심판에 이르지 아니하나니 사망에서 생명으로 옮겼느니라

(요한복음 5:24)

57. 내 형제들아 너희가 여러 가지 시험을 당하거든 온전히 기쁘게 여기라

(야고보서 1:2)

58. 우리는 다 양 같아서 그릇 행하여 각기 제 길로 갔거늘 여호와께서는 우리 모두의 죄악을 그에게 담당시키셨도다

(이사야 53:6)

59. 베드로가 이르되 너희가 회개하여 각각 예수 그리스도의 이름으로 세례를 받고 죄 사함을 받으라 그리하면 성령의 선물을 받으리니

(사도행전 2:38)

60. 우리 가운데서 역사하시는 능력대로 우리가 구하거나 생각하는 모든 것에 더 넘치도록 능히 하실 이에게

(에베소서 3:20)

61. 이는 내 멍에는 쉽고 내 짐은 가벼움이라 하시니라

(마태복음 11:30)

62. 하나님이 자기 형상 곧 하나님의 형상대로 사람을 창조하시되 남자와 여자를 창조하시고

(창세기 1:27)

63. 그러므로 너희는 하나님이 택하사 거룩하고 사랑 받는 자처럼 긍휼과 자비와 겸손과 온유와 오래 참음을 옷 입고

(골로새서 3:12)

64. 이러므로 우리에게 구름 같이 둘러싼 허다한 증인들이 있으니 모든 무거운 것과 얽매이기 쉬운 죄를 벗어 버리고 인내로써 우리 앞에 당한 경주를 하며

(히브리서 12:1)

65. 그러므로 너희 죄를 서로 고백하며 병이 낫기를 위하여 서로 기도하라 의인의 간구는 역사하는 힘이 큼이니라

(야고보서 5:16)

66. 베뢰아에 있는 사람들은 데살로니가에 있는 사람들보다 더 너그러워서 간절한 마음으로 말씀을 받고 이것이 그러한가 하여 날마다 성경을 상고하므로

(사도행전 17:11)

67. 나의 하나님이 그리스도 예수 안에서 영광 가운데 그 풍성한 대로 너희 모든 쓸 것을 채우시리라

(빌립보서 4:19)

68. 태초에 말씀이 계시니라 이 말씀이 하나님과 함께 계셨으니 이 말씀은 곧 하나님이시니라

(요한복음 1:1)

69. 너희 몸은 너희가 하나님께로부터 받은 바 너희 가운데 계신 성령의 전인 줄을 알지 못하느냐 너희는 너희 자신의 것이 아니라

(고린도전서 6:19)

70. 그가 우리를 위하여 목숨을 버리셨으니 우리가 이로써 사랑을 알고 우리도 형제들을 위하여 목숨을 버리는 것이 마땅하니라

(요한일서 3:16)

71. 보라 형제가 연합하여 동거함이 어찌 그리 선하고 아름다운고

(시편 133:1)

72. 평안을 너희에게 끼치노니 곧 나의 평안을 너희에게 주노라 내가 너희에게 주는 것은 세상이 주는 것과 같지 아니하니라 너희는 마음에 근심하지도 말고 두려워하지도 말라

(요한복음 14:27)

73. 하나님의 말씀은 살아 있고 활력이 있어 좌우에 날선 어떤 검보다도 예리하여 혼과 영과 및 관절과 골수를 찔러 쪼개기까지 하며 또 마음의 생각과 뜻을 판단하나니

(히브리서 4:12)

74. 사람이 친구를 위하여 자기 목숨을 버리면 이보다 더 큰 사랑이 없나니

(요한복음 15:13)

75. 사람아 주께서 선한 것이 무엇임을 네게 보이셨나니 여호와께서 네게 구하시는 것은 오직 정의를 행하며 인자를 사랑하며 겸손하게 네 하나님과 함께

행하는 것이 아니냐

(미가 6:8)

76. 그러므로 믿음은 들음에서 나며 들음은 그리스도의 말씀으로 말미암았느니라

(로마서 10:17)

77. 영접하는 자 곧 그 이름을 믿는 자들에게는 하나님의 자녀가 되는 권세를 주셨으니

(요한복음 1:12)

78. 시험을 참는 자는 복이 있나니 이는 시련을 견디어 낸 자가 주께서 자기를 사랑하는 자들에게 약속하신 생명의 면류관을 얻을 것이기 때문이라

(야고보서 1:12)

79. 이는 너희 믿음의 시련이 인내를 만들어 내는 줄 너희가 앎이라

(야고보서 1:3)

80. 내가 확신하노니 사망이나 생명이나 천사들이나 권세자들이나 현재 일이나 장래 일이나 능력이나

(로마서 8:38)

81. 높음이나 깊음이나 다른 어떤 피조물이라도 우리를 우리 주 그리스도 예수 안에 있는 하나님의 사랑에서 끊을 수 없으리라

(로마서 8:39)

82. 모이기를 폐하는 어떤 사람들의 습관과 같이 하지 말고 오직 권하여 그 날이 가까움을 볼수록 더욱 그리하자

(히브리서 10:25)

83. 이로써 그 보배롭고 지극히 큰 약속을 우리에게 주사 이 약속으로 말미암아 너희가 정욕 때문에 세상에서 썩어질 것을 피하여 신성한 성품에 참여하는 자가 되게 하려 하셨느니라

(베드로후서 1:4)

부록

84. 너희 안에서 착한 일을 시작하신 이가 그리스도 예수의 날까지 이루실 줄을 우리는 확신하노라

(빌립보서 1:6)

85. 헐몬의 이슬이 시온의 산들에 내림 같도다 거기서 여호와께서 복을 명령하셨나니 곧 영생이로다

(시편 133:3)

86. 그러므로 우리는 긍휼하심을 받고 때를 따라 돕는 은혜를 얻기 위하여 은혜의 보좌 앞에 담대히 나아갈 것이니라

(히브리서 4:16)

87. 또 여호와를 기뻐하라 그가 네 마음의 소원을 네게 이루어 주시리로다

(시편 37:4)

88. 하나님이 그 아들을 세상에 보내신 것은 세상을 심판하려 하심이 아니요 그로 말미암아 세상이 구원을 받게 하려 하심이라

(요한복음 3:17)

89. 다른 이로써는 구원을 받을 수 없나니 천하 사람 중에 구원을 받을 만한 다른 이름을 우리에게 주신 일이 없음이라 하였더라

(사도행전 4:12)

90. 주께서 심지가 견고한 자를 평강하고 평강하도록 지키시리니 이는 그가 주를 신뢰함이니이다

(이사야 26:3)

91. 친히 나무에 달려 그 몸으로 우리 죄를 담당하셨으니 이는 우리로 죄에 대하여 죽고 의에 대하여 살게 하려 하심이라 그가 채찍에 맞음으로 너희는 나음을 얻었나니

(베드로전서 2:24)

92. 이 율법책을 네 입에서 떠나지 말게 하며 주야로 그것을 묵상하여 그 안에 기록된 대로 다 지켜 행하라 그리하면 네 길이 평탄하게 될 것이며 네가 형

통하리라

(여호수아 1:8)

93. 예수께서 나아와 말씀하여 이르시되 하늘과 땅의 모든 권세를 내게 주셨으니

(마태복음 28:18)

94. 무슨 일을 하든지 마음을 다하여 주께 하듯 하고 사람에게 하듯 하지 말라

(골로새서 3:23)

95. 예수께서 이르시되 네 마음을 다하고 목숨을 다하고 뜻을 다하여 주 너의 하나님을 사랑하라 하셨으니

(마태복음 22:37)

96. 머리에 있는 보배로운 기름이 수염 곧 아론의 수염에 흘러서 그의 옷깃까지 내림 같고

(시편 133:2)

97. 이같이 너희 빛이 사람 앞에 비치게 하여 그들로 너희 착한 행실을 보고 하늘에 계신 너희 아버지께 영광을 돌리게 하라

(마태복음 5:16)

98. 이는 내 생각이 너희의 생각과 다르며 내 길은 너희의 길과 다름이니라 여호와의 말씀이니라

(이사야 55:8)

99. 우리에게 있는 대제사장은 우리의 연약함을 동정하지 못하실 이가 아니요 모든 일에 우리와 똑같이 시험을 받으신 이로되 죄는 없으시니라

(히브리서 4:15)

100. 너희가 서로 사랑하면 이로써 모든 사람이 너희가 내 제자인 줄 알리라

(요한복음 13:35)

정답

〈정답 보기 예〉

제0주 문제 정답 순서 1 2 3 4 5 6 7 8 9 10 11 12 13 14 15 16 17 18 19 20 21		
1 가	8 라	15 나
2 다	9 다	16 다
3 라	10 가	17 나
4 나	11 다	18 가
5 라	12 다	19 가
6 가	13 라	20 라
7 나	14 가	21 나

제1주 문제 정답 순서 14 15 16 3 2 1 5 6 7 11 9 13 10 12 17 18 21 19 20 4 8		
나	나	믿으니
라	라	라
다	가	다
나	라	아브라함
복	가	가
하나님이 보시기에 좋았더라	나	나
뱀, 여자 / 하나님, 아담 여자, 하나님 / 하나님, 뱀	라	가인, 라멕

제2주 문제 정답 순서 14 12 15 13 11 9 7 16 1 5 3 10 4 2 17 21 18 20 19 6 8		
나	가	가
라	다	라
다	나	베냐민
여호와	나	유다
라	라	라
나	27장 41절	라
라	이삭	다

제3주 문제 정답 순서 10 8 6 13 11 7 9 16 2 5 3 14 4 1 18 21 17 19 15 20 12		
라	나	나
가	가나안 땅	세계, 말, 언약, 소유, 제사장, 백성
나, 라	다	치료, 나
나	유다, 요셉	나
라	가	다
다	가	다
바로, 모세	라	이스라엘 자손들이 거주하는 곳

제4주 문제 정답 순서 12 10 9 21 19 20 18 15 13 11 14 16 17 1 5 3 2 6 8 7 4		
마	가	다
나	가	가
나	모세	다
다	지혜로운 마음, 하나님의 영	가
라	나	등불
나	다	다
모세	라	나

제5주 문제 정답 순서 8 14 7 21 19 4 18 17 13 2 10 16 15 5 1 3 11 6 12 9 20		
나	가, 나, 다, 라, 마, 바, 아	라
가	다	가
마	다	다
라	66일	위임식
다	라	바
다	다	가
나	나	다

제6주 문제 정답 순서 7 14 21 20 19 15 18 16 1 3 5 2 6 9 8 10 13 12 11 17 4		
나	라	다
나	다	모세
십일조, 이레	언약	다
나	603,550	라
라	라	레위인
다	가	라
안식일에 나무한 자	가	여호와의 것

제7주 문제 정답 순서 4 21 14 17 3 13 8 1 16 11 9 6 2 5 18 10 15 12 19 20 7		
발람이 발락에게	다	라
교만	라	다
기업	라	도피성
소멸하는, 질투하시는, 자비하신	나	가
나	다	애굽에서 인도(구원)하셨으므로, 6일간 창조하시고 7일째 안식하셨으므로
라	라	6장 5절("너는 마음을…")
나	가	갈렙, 여호수아

제8주 문제 정답 순서 15 21 1 5 7 14 20 2 6 13 10 3 16 4 8 11 9 18 17 12 19		
다	가	예수
가, 라	나	다
나	가	다
복	저주, 악	나
다	복과 저주	생명, 사망, 복, 저주(화)
라	언약의 말씀	라
다	라	나

제9주 문제 정답 순서 17 9 1 19 14 20 2 6 13 10 3 16 4 8 11 21 18 15 12 7 5		
다	나	T, F, T
싸우셨으므로	유다	라
가	가	도피성
레위	라	옷니엘
요셉	다	갈렙
나	나	다
다, 라	라	다

제10주 문제 정답 순서 11 13 15 17 19 21 20 18 16 14 12 10 1 3 5 7 9 8 6 4 2		
4명	다	드보라, 드보라, 여호와
나	다	가, 라
들릴라	라	나
라	다	다
라	T, F, T, T, F	나
베냐민	다	라
나	라	다

제11주 문제 정답 순서 6 8 15 2 19 3 4 18 1 14 12 10 16 21 5 13 9 7 11 20 17		
라	가	나
다	라	다
나	라	마
다	사무엘	실로, 아스돗, 벧세메스
라	다	나
다, 라	순종, 듣는 것, 사무엘이 사울에게	라
다	라	외모, 중심

제12주 문제 정답 순서 19 16 13 10 21 11 14 12 15 20 17 9 18 8 1 6 2 4 5 3 7		
나, 라	가	나
나단, 여호와, 여호와, 다윗	가	라
가	가, 나, 다, 라	가
다윗	다윗, 여호와	다
다	나	다
나	요나단	요나단
라	다윗	다

제13주 문제 정답 순서 11 19 21 18 13 17 14 16 15 1 10 7 9 8 2 6 5 4 3 20 12		
아도니야, 솔로몬	나	나
라	나	라
가	다	가
가	다	나
라	라	다
다	나	라
라	가	여호와, 평강

제14주 문제 정답 순서 12 20 3 17 13 18 9 14 15 1 10 7 16 5 2 6 8 4 21 19 11		
다	나아만, 엘리사	라
요아스	라	사르밧 과부
다	다	나
가	아하시야	다
가	엘리야	나
다	나	가
나	가	엘리야, 엘리사

제15주 문제 정답 순서 17 19 21 1 3 5 7 9 11 13 15 18 16 14 12 2 4 10 8 6 20		
다	요시야	다
베냐민	바벨론, 느부갓네살	요나
범죄, 말씀, 묻지	라	아하스
가	야베스	여호야김, 여호야긴, 맛다니야(시드기야)
라	가	다
다	나	히스기야
라	다	다

제16주 문제 정답 순서 9 1 4 21 12 6 2 5 3 7 19 18 20 16 14 11 13 10 15 17 8		
나	라	가
다	웃사, 오벧에돔	가
다	다	다
다	다	마
20세	주의 손에서 받은 것	오벧에돔, 스가랴
가	두로 왕 후람	다윗 → 솔로몬
라	라	가

제17주 문제 정답 순서 6 8 15 2 19 3 4 18 1 14 12 10 16 21 5 13 9 7 11 20 17		
나	다	가
다	나	가
다	나	가
다	가	르호보암
스가랴	라	아사
다	여호람	돕기도, 패하게도
라	형통, 교만	가

제18주 문제 정답 순서 16 13 1 21 2 20 18 3 6 8 11 14 12 17 19 9 4 7 5 15 10		
금식, 간구, 응낙	히스기야	가
나	다	고레스
라	시드기야	축복, 기도, 하늘
느헤미야	나	다
나	라	가
가, 나	나	다
느헤미야	에스라	라

제19주 문제 정답 순서 15 3 17 5 2 18 4 8 20 7 1 14 6 12 19 10 21 11 13 16 9		
라	나	가
가	엘리바스	다
나	다	고생
나	다	나
라	에스더	가
욥의 아내	라	모르드개
가	하만	하만

제20주 문제 정답 순서 12 8 1 4 7 21 19 2 3 18 17 20 15 5 9 11 6 10 13 16 14		
라	가	다
라	라	가
다	라	라
나	다	나
다	다	소발
가	가	가
나	욥	다

제21주 문제 정답 순서 8 14 7 21 19 4 18 17 13 2 10 16 15 5 1 3 11 6 12 9 20		
다	다	나
라	나	가
가	라	라
나	다	엘리후
다	다	베헤못, 리워야단
영	가	나
나	영혼	라

제22주 문제 정답 순서 16 15 14 3 2 1 7 6 5 11 9 13 10 12 17 18 21 19 20 4 8		
나	가	가
5	들으심, 자비, 구원, 교만, 살아 계시니	성도, 경외, 경외
다	산 자들, 선하심	28절
나	다	의, 찬송, 생명의 원천
다	라	땅을 차지함
라	라	세상 사람
다	라	라

제23주 문제 정답 순서 4 10 21 18 14 2 17 3 9 11 6 1 12 15 13 20 5 19 8 16 7		
라	나	라
라	가	다
라	영혼	다
나	11, 5, 하나님, 소망	가
가	다	왕
라	성도들, 환난	다
라	가	다

제24주 문제 정답 순서 6 8 5 4 7 12 14 2 13 18 17 20 15 1 9 11 21 10 3 16 19		
죄악	가	나
라	재판장(이신 하나님)	다
라	나	라
의인	다	라
다	라	다
가	나	라
라	나	가

제25주 문제 정답 순서 19 12 15 13 11 9 7 16 1 5 3 10 4 2 17 21 18 20 14 6 8		
라	마	가
라	나	가
다	다	나
나	다	다
라	다	다
가	다	가
나	라	라

제26주 문제 정답 순서 20 8 6 13 11 7 10 16 2 5 3 14 4 1 18 21 17 19 15 12 9		
가	라	다
115편	라	라
라	(예수) 그리스도	가
응답	다	라
다	다	예루살렘
가, 나, 다	가	나
고난, 주의 말씀	나	라

제27주 문제 정답 순서 17 20 19 2 9 3 4 18 1 14 6 10 16 21 5 13 15 7 11 8 12		
겸손한 자	나	영생
호흡	나	길
구원	사람, 인생	가, 다, 라
다	복	라
다	구원	기도
라	다	가
가	지식의 근본	길

제28주 문제 정답 순서 8 14 7 21 19 4 18 17 13 2 10 16 15 5 1 3 11 6 12 9 20		
다	나	나
다	다	지혜
여호와를 경외하는 것	다	생명의 샘
라	가	가
나	라	기도
라	심령	생명, 사망
다	가	라

제29주 문제 정답 순서 15 3 17 5 2 18 4 8 20 7 1 14 6 12 19 10 21 11 13 16 9		
라	가	신부
다	신랑	다
다	라	가
가	라	라
다	가	라
나	나	나
나	다	5장 15절

제30주 문제 정답 순서 7 14 21 20 19 15 18 16 1 3 5 2 6 9 8 10 13 12 11 17 4		
라	나	나
바벨론	다, 라	라, 마
라	가	다
나	라	라
다	다	가
라	나	모압, 자기, 기도, 소용
자기를 지으신 이	임마누엘	나

제31주 문제 정답 순서 11 19 21 18 13 17 14 16 15 1 10 7 9 8 2 6 5 4 3 20 12		
나	다	라
다	라	다
21, 1, 11, 25, 7	라	나
라	영, 우리	5절
가	다	가
나	나	예수 그리스도(예수님, 메시야, 예수, 그리스도)
다	돌, 믿는 이, 책	라

제32주 문제 정답 순서 19 16 13 10 21 11 14 12 15 20 17 9 18 8 1 6 2 4 5 3 7		
토기장이	다	다
라	다	라
라	라	가, 바
찾으라, 부르라	다	바벨론(갈대아)
나	다	평강
라	백성, 길, 성소	라
다	좋은 소식	라

제33주 문제 정답 순서 11 19 21 18 13 17 14 16 15 1 10 7 9 8 2 6 5 4 3 20 12		
가	토기장이	죄악, 심판
생명의 길, 사망의 길	가	가
여호와(하나님)의 말씀	다	나
나	나	악, 구원
다	마	라
라	9:20, 10:21, 11:3, 11:20	가
나의 힘	나	라

제34주 문제 정답 순서 6 8 15 2 19 3 4 18 1 14 12 10 16 21 5 13 9 7 11 20 17		
라	나	가
다	여호와인 줄 아는 마음, 백성, 하나님	가
그다랴	라	라
다	예레미야	30:17; 30:22; 30:10; 31:12; 31:33
라	레갑	바룩
아히감	가	다
라	28절	겁내지 말라, 두려워하지 말라

제35주 문제 정답 순서 8 14 7 21 19 4 18 17 13 2 10 16 15 5 1 3 11 6 12 9 20		
구원, 3장 26절	가	다
나	다	바
라	라	라
나	가	나
가	다	라
가	다	나
나	다	영

제36주 문제 정답 순서 20 11 13 1 3 7 14 8 17 19 21 16 4 6 15 5 10 18 12 9 2		
나	제사장들	애굽
가	다	가
나	나	가
나	가	나
라	가	두로
다	라	라
교만, 지혜	다	노아, 다니엘, 욥

제37주 문제 정답 순서 11 19 21 18 13 17 14 16 15 1 10 7 9 8 2 6 5 4 3 20 12		
다	하나님, 자기의 뜻	나
나	라	가
다	라	다
라	가	거룩, 거룩, 거룩
라	다	나
나	라	주여, 주여, 주여,
다	여호와의 영광	나

제38주 문제 정답 순서 10 7 9 17 14 16 15 1 8 2 6 5 4 3 20 12 11 19 21 18 13		
라	라	라
다	나	라
악, 죄	나	다
나	라	다
말씀	다	다
구원	가	가
다	10절	구원자

제39주 문제 정답 순서 14 10 7 9 17 16 19 21 18 13 15 5 4 3 20 12 1 8 2 6 11		
가	여호와	라
주의 이름	라	다
가	라	다
남은 자	나	라
다	다	라
라	가	다
가	나	여호와, 하나님

제40주 문제 정답 순서 9 7 11 20 17 6 8 15 2 14 12 10 16 21 5 4 18 1 13 19 3		
다	나	나
라	다	나의 영
다	율법, 사자	라
하나님의 아들	라	나
다말, 라합, 룻, 우리야의 아내, 마리아	나	가
가	다	가
9장 9절	나	라

제41주 문제 정답 순서 20 17 6 8 15 2 5 4 18 1 14 12 10 13 19 3 9 7 11 21 16		
가	가	나
라	라	다
아들의 소원	라	나
가	기도	가
다	나	다
다	주는 그리스도시요 살아 계신 하나님의 아들이시니이다(16:16)	라
다	20장 28절	나

제42주 문제 정답 순서 5 12 10 13 19 3 9 7 11 16 21 20 17 6 8 15 2 4 18 1 14		
나	다	다
다	라	나
나	다	나
나, 라	나	라
(시몬) 베드로	주여 주여	가
다	바	바
나	가	라

제43주 문제 정답 순서 17 7 11 16 21 20 6 8 15 2 4 18 1 10 13 19 3 9 14 5 12		
성전	가	나
다	가	다
서기관들과 대제사장들	라	나
나	나	라
라	영생	다
5장 24절	하나님 나라의 비밀, 하나님의 말씀	다
하나님의 나라	마	기도, 깨어

제44주 문제 정답 순서 3 9 14 5 12 17 1 10 13 19 7 11 16 21 20 6 8 15 2 4 18		
다	성경, 그들의 말, 진리	스데반
나	라	나
가	라	다
라	가	다
다	라	다
가	회개	나
가	성령	성령

제45주 문제 정답 순서 8 15 2 4 18 3 9 14 5 12 17 1 10 13 19 7 11 16 21 20 6		
라	다	가
바울 곁에 서서	성령, 약속, 구주, 예수, 작정, 기쁨, 성령	다
나	24절	가
다	나	부활
다	라	가
안디옥	라	다
라	바울	나

제46주 문제 정답 순서 12 17 16 21 20 1 10 18 3 9 14 5 13 6 8 15 2 4 19 7 11		
나	나	그리스도, 구원, 주, 주, 주
라	예수	성령
다	가	다
라	그리스도	라
다	사망, 영생	가
나	마	나
라	다	하나님의 나라

제47주 문제 정답 순서 15 3 17 5 2 18 4 8 20 7 1 14 6 12 19 10 21 11 13 16 9		
가	다	다
라	라	그리스도의 향기
나	아담, 그리스도	예수 그리스도, 하나님, 성령
다	나	나
넘어질까 조심, 감당할 시험, 하나님의 영광	성전	라
가	다	다
가	나	성령

제48주 문제 정답 순서 15 3 17 5 2 18 4 8 20 7 1 14 6 12 19 10 21 11 13 16 9		
라	믿음으로	나
나	하나님의 복음	라
라	가	나
나	라	다
십자가, 그리스도	가	다
다	다	다
다	가	마

제49주 문제 정답 순서 11 19 21 18 13 17 14 16 15 1 10 7 9 8 2 6 5 4 3 20 12		
가	예수 그리스도	가
시험 받는 자들	가	디모데, 바울, 후메내오, 알렉산더
라	다	평강
라	고난	다
천국	나	라
오네시모	다	나
그레데	경건, 선행	다

제50주 문제 정답 순서 7 10 21 11 13 16 9 15 3 17 5 2 18 4 8 20 1 14 6 12 19		
가	선을 행함으로 고난 받는 것	나
가	예수	다
가	가	다
죄	두 번째	죄
나	라	라
사랑	라	다
마	나	다

제51주 문제 정답 순서 10 21 11 13 18 4 8 20 7 1 14 6 12 19 16 9 15 3 17 5 2		
라	다	나
나	나	나
성도의 기도(들)	나	라
가	다	마
다	믿음, 성령	하나님의 성전, 하나님의 언약궤
라	말	나
가	생명책	라

<table>
<tr><th colspan="3">제52주 문제 정답 순서 8 7 1 5 4 9 2 6 3</th></tr>
<tr><td>다</td><td>하나님의 말씀</td><td>가</td></tr>
<tr><td>나</td><td>나</td><td>생명책</td></tr>
<tr><td>라</td><td>라</td><td>다</td></tr>
</table>

<table>
<tr><th colspan="3">종합문제 정답 순서 18 3 7 9 15 20 14 1 11 2 6 10 13 19 17 5 16 4 12 8</th></tr>
<tr><td>라</td><td>예수 그리스도, 요 5:39</td><td>마</td></tr>
<tr><td>라</td><td>라</td><td>가</td></tr>
<tr><td>바울</td><td>라</td><td>다</td></tr>
<tr><td>라</td><td rowspan="2">열왕기상, 아가, 미가, 사도행전, 디모데후서, 요한계시록</td><td>라</td></tr>
<tr><td>다</td><td>나</td></tr>
<tr><td>나</td><td>다</td><td>하나님의 뜻</td></tr>
<tr><td>라</td><td>지옥</td><td>나</td></tr>
</table>